Kartoffeln

DIE BESTEN REZEPTE

Jenny Stacey

Der Text dieses Buches entspricht den Regeln
der neuen deutschen Rechtschreibung.

Originaltitel: „What's Cooking. Potatoes"

Fotos: Andrew Sydenham
Layout: Digital Artworks Partnership Ltd
Übersetzung: Johann Dorfner
Redaktion: Dr. Reitter & Partner Verlag GmbH/Ralf Labitzky
Satz und Herstellung: Dr. Reitter & Partner Verlag GmbH

8172635 4453 6271
02 01 00 99

Inhalt

Einleitung

Die ursprünglich aus Amerika stammende Kartoffel ist in vielen Ländern das Volksnahrungsmittel Nummer eins. In Europa ist der Verbrauch in Rußland, Polen und Deutschland am höchsten.

Kartoffeln enthalten reichlich Proteine, energiereiche Stärke sowie Ballaststofffe. Sie sind außerdem eine wahre Quelle für Vitamine. Die meisten Vitamine befinden sich direkt unter der Schale, weshalb oftmals in Rezepten empfohlen wird, sie mit der Schale zu kochen und erst dann zu schälen oder aber sie gleich mit der Schale zu verzehren. Wenn man Kartoffeln ohne Fett zubereitet, kann man sie als wirksame Kost bei Diätkuren einsetzen.

Kartoffeln gedeihen heute fast überall auf der Welt. Nach der Entdeckung Amerikas gelangten sie nach Europa erstmals im 16. Jahrhundert über Spanien. Obwohl man wusste, dass die Kartoffel essbar ist, galt sie zunächst als Arznei und wurde deshalb als Heilpflanze nur in Gärten des Adels und der Klöster angepflanzt.

Systematischen Kartoffelanbau in größeren Stil gibt es in Europa erst seit dem 17. Jahrhundert. Schriftliche Quellen beispielsweise belegen, dass in fast allen deutschen Gebieten seit der Wende vom 17. zum 18. Jahrhundert Kartoffelanbau betrieben wurde, weil man den Wert der Kartoffel als Nahrungsmittel für breite Bevölkerungsschichten erkannt hatte. Da Friedrich der Große von Preußen wusste, dass sich mit Hilfe der Kartoffel Hungersnöte vermeiden ließen, befahl er seinen Untertanen in Brandenburg und Schlesien förmlich den Anbau von Kartoffeln.

Wirklich durchgesetzt als Volksnahrungsmittel hat sich die Kartoffel dann zu Beginn des 19. Jahrhunderts, als durch landwirtschaftliche Maschinen der Ertrag enorm gesteigert wurde und durch die Eisenbahn der schnelle Transport in die großen Städte sichergestellt werden konnte, wo die Kartoffel vor allem für das städtische Industrieproletariat als Hauptnahrung diente. Im Jahr 1850 betrug in Preußen der durchschnittliche Verbrauch pro Kopf 120 Kilo, 50 Jahre später zur Jahrhunderwende war er bereits auf 290 Kilo gestiegen.
Mit dem Verbrauch stieg auch die Vielzahl der angebauten Sorten und damit auch die vielen Möglichkeiten der Verwendung. Heute gibt es für die verschiedenen Zubereitungsarten wie Rösten, Kochen, Dämpfen, Backen, Pürieren oder Frittieren die jeweils dafür am besten geeignten Kartoffelsorten. Was nun die Kartoffel so vielseitig macht, ist die die Tatsache, dass sie sehr leicht den Geschmack anderer Zutaten annimmt und sich aufgrund ihrer Konsistenz für viele Kombinationen empfiehlt.

KARTOFFELN KAUFEN, LAGERN UND VERWENDEN

Wenn Sie Kartoffeln abgepackt kaufen, diese sofort aus dem Plastiksack herausnehmen und an einem dunklen, kühlen Ort lagern. Wer Kartoffeln längere Zeit, etwa über den Winter, lagern möchte, muss auf geeignete Sorten achten. Dabei gilt die Regel, dass alle Sorten, die ab Mitte Oktober verkauft werden, sich bis zum nächsten Frühjahr halten. Niemals dürfen Sie Kartoffeln verwenden, die grüne Stellen aufweisen oder Triebe zeigen, da diese eine erhöhte Konzentration an natürlichen Giftstoffen aufweisen.
Die große Rezeptauswahl in diesem Buch bietet Ihnen eine reiche Palette köstlicher Kartoffelgerichte, die von herzhaften Suppen und Eintöpfen über Salate, Snacks und Hauptgerichte bis zu Pasteten und Gebäck reicht. Es ist für jeden etwas dabei.

KARTOFFELSORTEN

Von den rund 3000 bekannten Kartoffelsorten werden in Deutschland etwa 130 regelmäßig angebaut, davon bietet der Handel je nach Region zwischen 5 und 35 Sorten an. Generell unterscheidet man die Kartoffeln nach ihrer Reifezeit (von sehr früh und früh über mittelfrüh und mittelspät bis zu sehr spät) und nach ihren Kocheigenschaften. Die festkochenden Sorten eignen sich vor allem für Kartoffelsalat, Brat- und Pellkartoffeln, die vorwiegend festkochenden für Salz-, Pell-, Brat-, Ofen- und Grillkartoffeln und die mehligkochenden für Püree, Knödel und Klöße, Pommes frites, Eintöpfe und Suppen. Die folgende Auflistung gibt einen Überblick über die häufigsten in Deutschland verwendeten Sorten und deren Eigenschaften.

Christa: *sehr früh, vorwiegend festkochend, länglich oval bis lang, genetzte Schale, milder Geschmack, erhältlich von Juni bis Oktober*

Gloria: *sehr früh, vorwiegend festkochend, länglich oval bis lang, glatte Schale, kräftig im Geschmack, erhältlich von Juni bis Oktober*

Hela: *sehr früh, vorwiegend festkochend, länglich oval bis lang, genetzte Schale, angenehm im Geschmack, erhältlich von Juli bis März*

Sieglinde: *früh, festkochend, länglich oval bis lang, glatte Schale, sehr feiner Geschmack, erhältlich Juli bis März*

Clivia: *mittelfrüh,vorwiegend festkochend, rundoval bis langoval, genetzte Schale, angenehm kräftiger Geschmack, erhältlich von August bis Mai*

Granola: *mittelfrüh, vorwiegend festkochend, rundoval bis langoval, rauhe Schale, angenehm kräftiger bis milder Geschmack, erhältlich von August bis Mai*

Grata: *mittelfrüh, vorwiegend festkochend, rund bis rundoval, rauhe Schale, angenehm kräftiger Geschmack, erhältlich von August bis Mai*

Hansa: *mittelfrüh, festkochend, langoval bis lang, glatte Schale, sehr feiner Geschmack, erhältlich von August bis Juni*

Irmgard: *mittelfrüh, mehligkochend, rund bis rundoval, genetzte Schale, angenehm kräftiger Geschmack, erhältlich von August bis März*

Nicola: *mittelfrüh, festkochend, langoval bis lang, glatte Schale, sehr feiner Geschmack, erhältlich August bis Mai*

Roxy: *mittelfrüh, vorwiegend festkochend, rundoval bis langoval, genetzte Schale, angenehm kräftiger Geschmack, erhältlich von August bis Mai*

Aula: *mittelspät bis sehr spät, mehligkochend, rundoval bis langoval, rauhe Schale, ausdrucksvoll kräftig im Geschmack, erhältlich von September bis Mai*

Daruta: *mittelspät bis sehr spät, mehligkochend, rundoval bis oval, genetzte Schale, angenehm kräftig bis mild im Geschmack, erhältlich von September bis Mai*

Suppen & Salate

Kartoffeln sind die Grundlage von vielen einfach zuzubereitenden und wohlschmeckenden Suppen; sie eignen sich perfekt zum Eindicken und verleihen den Suppen außerdem eine besonders feine Geschmacksnote. Als Zutaten können Sie Fleisch, Fisch, Gemüse, Kräuter, Zwiebeln und Knoblauch verwenden, zum Garnieren Kräuter oder Croûtons. Als Beilage zu fast allen Suppen passen knuspriges Schwarz- oder getoastetes Weißbrot.

In diesem Kapitel finden Sie auch eine Reihe leckerer Salatrezepte. Die Bandbreite reicht dabei von wohlbekannten Klassikern bis zu neuen und überraschenden Kreationen. Sowohl für leichte als auch für eher herzhafte Mahlzeiten sind hier die jeweils passenden Gerichte vertreten. Viele Salate kann man auch bestens auf Grillpartys und bei Picknicks servieren.

Kartoffel-Zwiebel-Suppe

Bei diesem einfachen Rezept bilden Süßkartoffeln und Zwiebeln die Grundlage für eine leckere Suppe, die leicht nach Orange und Koriander schmeckt.

Für 4 Personen

ZUTATEN

2 EL Pflanzenöl
1 kg gewürfelte Süßkartoffeln
1 gewürfelte Möhre
2 in Ringe geschnittene Zwiebeln
2 durchgepresste Knoblauchzehen
600 ml Gemüsebrühe
300 ml frisch gepresster Orangensaft

225 g Naturjoghurt
2 EL gehackter Koriander
Salz
Pfeffer (aus der Mühle)

ZUM GARNIEREN:
Korianderzweige
in Streifen abgezogene Schale von 1 unbehandelten Orange

1 Das Pflanzenöl in einem großen Kochtopf erhitzen, gewürfelte Süßkartoffeln, Möhren, Zwiebelringe und Knoblauch dazugeben. Unter ständigem Rühren 5 Minuten dünsten.

2 Die Gemüsebrühe sowie den Orangensaft dazugeben und zum Kochen bringen.

3 Die Hitze reduzieren, den Kochtopf zudecken und das Gemüse ca. 20 Minuten auf niedriger Stufe kochen, bis die Süßkartoffeln und Möhren weich sind.

4 Das Ganze nach und nach in einen Mixer geben und ca. 1 Minute lang zu Püree verarbeiten. Das Püree wieder in den ausgespülten Kochtopf geben.

5 Joghurt sowie Koriander einrühren und mit Salz sowie Pfeffer würzen. Die Suppe mit Korianderzweigen und Orangenschalen garnieren und servieren.

TIPP

Diese Suppe kann auch kalt gegessen werden. In diesem Fall den Joghurt erst unmittelbar vor dem Servieren unterrühren. In gekühlten Tellern servieren.

Kartoffel-Apfel-Suppe mit Rucola

Rucola (Rauke) ist ein beliebter Blattsalat mit einem leicht bitteren Geschmack. Er gibt dieser Suppe eine zartgrüne Färbung.

Für 4 Personen

ZUTATEN

4 EL Butter
1 kg gewürfelte festkochende Kartoffeln
1 in Scheiben geschnittene rote Zwiebel
1 EL Zitronensaft
1 Liter Hühnerbrühe
500 g geschälte und gewürfelte Äpfel
1 Prise gemahlener Piment
50 g Rucolablätter
Salz
Pfeffer (aus der Mühle)

ZUM GARNIEREN:
Scheiben von 1 roten Apfel
gehackte Frühlingszwiebeln

1 Die Butter zerlassen, die Kartoffeln und die rote Zwiebel dazugeben. Unter gleichmäßigem Rühren 5 Minuten dünsten.

2 Zitronensaft, Hühnerbrühe, Äpfel und Piment hinzufügen.

3 Alles auf niedriger Stufe zugedeckt 15 Minuten kochen.

4 Rucola hinzufügen und alles weitere 10 Minuten kochen lassen, bis die Kartoffeln ganz durch sind.

5 Die Hälfte der Suppe in eine Küchenmaschine oder einen Mixer geben und 1 Minute pürieren. In den Kochtopf zurückgeben und das Püree in die Suppe einrühren.

6 Mit Salz und Pfeffer würzen. In vorgewärmten Suppentellern anrichten und mit Apfelscheiben sowie Frühlingszwiebeln garnieren. Sofort servieren. Dazu getoastete knusprige Brotscheiben reichen.

TIPP

Wenn Sie keine Rucola bekommen sollten, verwenden Sie stattdessen jungen Blattspinat.

Indische Kartoffelsuppe mit Erbsen

Ihren pikanten und würzigen Geschmack erhält diese Suppe durch die Zugabe von Garam Masala (indische Gewürzmischung), Chili, Kreuzkümmel und Koriander.

Für 4 Personen

ZUTATEN

2 EL Pflanzenöl
250 g gewürfelte mehligkochende Kartoffeln
1 große gehackte Zwiebel
2 durchgepresste Knoblauchzehen

1 TL Garam Masala (Gewürzmischung aus dem Asienladen)
1 TL Korianderpulver
1 TL Kreuzkümmelpulver
900 ml Gemüsebrühe
1 gehackte rote Chilischote

100 g Erbsen (TK-Ware)
4 EL Naturjoghurt
Salz
Pfeffer (aus der Mühle)
gehackter frischer Koriander zum Garnieren

1 Das Öl erhitzen, Kartoffeln, Zwiebel und Knoblauch hinzufügen. Unter ständigem Rühren 5 Minuten dünsten.

2 Die Gewürze dazugeben und das Ganze 1 Minute garen.

3 Gemüsebrühe und Chili einrühren und aufkochen. Die Hitze reduzieren und ca. 20 Minuten zugedeckt köcheln, bis die Kartoffeln sehr weich sind.

4 Die Erbsen hinzufügen und das Ganze weitere 5 Minuten kochen. Den Joghurt einrühren, alles mit Salz und Pfeffer würzen.

5 In vorgewärmten Suppentellern anrichten, mit Koriander garnieren und heiß servieren. Dazu getoastete Brotscheiben reichen.

TIPP

Kartoffeln harmonieren ausgezeichnet mit vielen Gewürzen, wofür diese Suppe ein gutes Beispiel bietet.

VARIATION

Damit die Suppe nicht ganz so scharf wird, entfernen Sie die Samen, bevor Sie die Chilschote verwenden. Waschen Sie danach Ihre Hände, da die Schoten ätherische Öle enthalten, die die Haut reizen können.

Brokkoli-Kartoffel-Suppe

Diese cremige Suppe weist eine blassgrüne Färbung und den köstlichen Geschmack einer Mischung von zartem Brokkoli und Blauschimmelkäse auf.

Für 4 Personen

ZUTATEN

2 EL kaltgepresstes Olivenöl
2 gewürfelte Kartoffeln ohne Schale
1 geschälte gewürfelte Zwiebel
250 g Brokkoliröschen
125 g gewürfelter Blauschimmelkäse
1 Liter Gemüsebrühe
150 g Crème double oder Crème fraîche
etwas Paprikapulver
Salz
Pfeffer (aus der Mühle)

1 Das Öl erhitzen, Kartoffeln sowie Zwiebel dazugeben und unter gleichmäßigem Rühren behutsam 5 Minuten anbraten.

2 Einige Brokkoliröschen zum Garnieren beiseite legen und den übrigen Brokkoli in den Kochtopf geben. Käse und Brühe hinzufügen.

3 Alles zum Kochen bringen, die Hitze reduzieren und das Ganze zugedeckt auf kleiner Flamme ca. 25 Minuten köcheln lassen, bis die Kartoffeln weich sind.

4 Die Suppe auf zweimal in einen Mixer geben und so lange mixen, bis ein Püree entsteht.

5 Das Püree in einen Topf geben und die Sahne sowie etwas Paprika einrühren. Mit Salz und Pfeffer würzen.

6 Die übrigen Brokkoliröschen in etwas kochendem Wasser etwa 2 Minuten blanchieren, dann auf einem Schaumlöffel abtropfen lassen. Die Suppe in vorgewärmte Teller geben, mit den Brokkoliröschen garnieren und mit einer Prise Paprika bestreuen.

TIPP

Diese Suppe kann man auch sehr gut einfrieren. Gehen Sie wie bis Schritt 4 beschrieben vor, und frieren Sie sie nach dem Pürieren ein. Die restlichen Zutaten fügen Sie nach dem Auftauen hinzu.

Kartoffelsuppe mit Pilzen

Heutzutage ist eine Vielzahl von getrockneten Pilzen erhältlich. Obwohl sie nicht gerade billig sind, rechtfertigt der intensive Geschmack, den sie der Suppe geben, ihren Preis.

Für 4 Personen

ZUTATEN

2 EL Pflanzenöl
2 große mehligkochende Kartoffeln, in Scheiben geschnitten
1 in Ringe geschnittene Zwiebel
2 durchgepresste Knoblauchzehen
1 Liter Rinderbrühe
25 g getrocknete Pilze
2 in Scheiben geschnittene Staudensellerie
2 EL Weinbrand
Salz, Pfeffer (aus der Mühle)

AUSSERDEM:
3 EL Butter
2 dicke Scheiben Weißbrot ohne Rinde
3 EL geriebener Parmesan

ZUM GARNIEREN:
eingeweichte Trockenpilze
einige Petersilienzweige

1 Das Öl erhitzen, die Kartoffelscheiben und Zwiebelringe sowie den Knoblauch hinzufügen. Alles unter ständigem Rühren 5 Minuten behutsam anbraten.

2 Das Ganze zusammen mit der Gemüsebrühe, den getrockneten Pilzen und den Selleriescheiben zum Kochen bringen, die Hitze reduzieren und zugedeckt ca. 20 Minuten köcheln lassen, bis die Kartoffeln weich sind.

3 In der Zwischenzeit die Butter zerlassen. Brotscheiben mit dem geriebenen Käse bestreuen und auf jeder Seite 1 Minute in der Butter braten, bis sie knusprig sind. Jede Scheibe in Dreiecke schneiden.

4 Weinbrand in die Suppe rühren, mit Salz und Pfeffer abschmecken. In vorgewärmten Tellern anrichten und mit Brot-Dreiecken bedecken. Mit Pilzen und Petersilie garniert servieren.

TIPP

Der wohl beliebteste getrocknete Pilz ist der Steinpilz, doch verleiht auch jeder andere essbare Pilz dieser Suppe einen ausgezeichneten Geschmack. Wenn Sie keine getrockneten Pilze verwenden wollen, nehmen Sie 150 g in Scheiben geschnittene frische Pilze.

Kartoffel-Erbsen-Suppe mit Käse

Grüne Splittererbsen sind süßer als andere Sorten und verkochen bestens zu einem Brei, weshalb sie sich zum Eindicken von Suppen besonders gut eignen.

Für 4 Personen

ZUTATEN

2 EL Pflanzenöl
2 in Würfel geschnittene mehligkochende Kartoffeln mit Schale
2 gehackte Zwiebeln
100 g grüne Splittererbsen

1 Liter Gemüsebrühe
5 EL geriebener Greyerzer-Käse (Gruyère)
Salz
Pfeffer (aus der Mühle)

FÜR DIE CROÛTONS:
3 EL Butter
1 durchgepresste Knoblauchzehe
1 EL gehackte Petersilie
1 dicke, in Würfel geschnittene Scheibe Weißbrot

1 Das Öl in einem großen Topf erhitzen, darin die Kartoffelwürfel sowie die Zwiebeln unter ständigem Rühren 5 Minuten anbraten.

2 Die grünen Erbsen dazugeben und so lange umrühren, bis alles gut vermischt ist.

3 Die Gemüsebrühe dazugießen und zum Kochen bringen. Alles auf kleiner Flamme 35 Minuten kochen, bis die Kartoffelwürfel gar und die Splittererbsen weich sind.

4 In der Zwischenzeit die Croûtons zubereiten. Die Butter zerlassen, Knoblauch, Petersilie und Brotwürfel dazugeben und etwa 2 Minuten braten; dabei häufig wenden, bis die Brotwürfel goldbraun sind.

5 Den geriebenen Käse in die Suppe rühren und mit Salz sowie Pfeffer abschmecken.

6 Die Suppe in vorgewärmten Tellern anrichten und darauf die Croûtons geben. Sofort servieren.

VARIATION

Statt der grünen Erbsen können Sie für eine bunte Suppe auch rote Linsen verwenden. In diesem Fall zum Süßen eine kräftige Prise braunen Zucker dazugeben.

Kartoffel-Lauch-Suppe

Die Kartoffel-Lauch-Suppe ist ein Klassiker. In diesem Rezept erhält die Suppe durch Räucherspeck und extra dicke Sahne einen kräftigen Geschmack.

Für 4 Personen

ZUTATEN

2 EL Butter
200 g gewürfelte Kartoffeln ohne Schale
4 klein geschnittene Stangen Lauch
2 durchgepresste Knoblauchzehen
100 g in Würfel geschnittener Räucherspeck

900 ml Gemüsebrühe
225 g Crème double oder Crème fraîche

ZUM GARNIEREN
Pflanzenöl
1 klein geschnittene Stange Lauch

AUSSERDEM:
2 EL gehackte Petersilie
Salz
Pfeffer (aus der Mühle)

1 Die Butter in einem großen Kochtopf zerlassen, Kartoffeln, Lauch, Knoblauch und Räucherspeck dazugeben und alles unter ständigem Rühren 5 Minuten anbraten.

2 Die Gemüsebrühe hinzufügen und zum Kochen bringen. Dann die Hitze reduzieren, einen Deckel auf den Topf geben und alles etwa 20 Minuten auf kleiner Flamme kochen, bis die Kartoffeln durch sind. Crème double oder Crème fraîche einrühren.

3 In der Zwischenzeit die Garnierung vorbereiten. Einen Topf zur Hälfte mit Öl füllen und auf 180 bis 190 °C erhitzen. Den Lauch hineingeben und 1 Minute frittieren, bis er braun und knusprig ist. Vorsicht: Lauch enthält Wasser! Den Lauch auf Küchenpapier gründlich abtropfen lassen und beiseite stellen.

4 Einige Kartoffel-, Lauch- und Räucherspeckstücke beiseite legen. Die Suppe nach und nach in eine Küchenmaschine oder einen Mixer geben und jeweils 30 Sekunden pürieren. Die pürierte Suppe in einem Kochtopf erwärmen. Gemüse, Räucherspeck und Petersilie unterrühren und nach Geschmack würzen. In vorgewärmte Teller geben und mit Lauch garnieren.

VARIATION

Um eine etwas leichtere Suppe zu erhalten, lassen Sie die Sahne weg und rühren stattdessen nach dem Kochen Joghurt in die Suppe.

Kartoffelsuppe mit Kohl und Chorizo

Chorizo ist eine würzige, aus Spanien stammende Wurst, wo man sie wegen ihres einzigartigen kräftigen Geschmacks besonders schätzt.

Für 4 Personen

ZUTATEN

- 2 EL kaltgepresstes Olivenöl
- 3 große, gewürfelte Kartoffeln ohne Schale
- 2 in Viertel geteilte rote Zwiebeln
- 1 durchgepresste Knoblauchzehe
- 1 Liter Fleisch- oder Gemüsebrühe
- 150 g klein geschnittener Wirsing
- 50 g in Scheiben geschnittener Chorizo (im Feinkostladen erhältlich)
- Salz
- Pfeffer (aus der Mühle)
- Paprikapulver zum Darüberstreuen

1 Das Olivenöl erhitzen, Kartoffeln, Zwiebeln sowie Knoblauch hinzufügen und unter ständigem Rühren 5 Minuten vorsichtig anbraten.

2 Mit der Fleisch- oder Gemüsebrühe aufgießen und zum Kochen bringen. Die Hitze reduzieren und alles zugedeckt 20 Minuten auf kleiner Flamme kochen lassen, bis die Kartoffeln durch sind.

3 Die Suppe in zwei Portionen mit einem Mixer jeweils 1 Minute pürieren.

4 Wirsing und Chorizo in die Suppe geben und alles 7 Minuten kochen lassen. Nach Geschmack würzen.

5 Die Suppe in vorgewärmten Tellern anrichten, mit etwas Paprika bestreuen und servieren.

TIPP

Der Chorizo muss vorher nicht gekocht werden. Bei diesem Rezept wird er erst am Ende der Zubereitung hinzugefügt, damit sein Geschmack nicht dominiert.

VARIATION

Falls Sie keinen Chorizo bekommen, können Sie auch jede andere würzige Wurst verwenden.

1

2

4

Chinesische Kartoffelsuppe

Das in dieser Suppe enthaltene Schweinefleisch wird in chinesischen Würzmitteln wie Sojasauce, Reisweinessig und Sesamöl mariniert.

Für 4 Personen

ZUTATEN

1 Liter Hühnerbrühe
2 große gewürfelte Kartoffeln ohne Schale
2 EL Reisweinessig (aus dem Asienladen)
2 EL Speisestärke
150 g Schweinefilet in Scheiben
1 EL helle Sojasauce
1 TL Sesamöl
1 in dünne Streifen geschnittene Möhre
1 TL gehackte Ingwerwurzel
3 in dünne Scheiben geschnittene Frühlingszwiebeln oder Schalotten
1 in dünne Ringe geschnittene rote Paprikaschote
250 g abgetropfte Bambussprossen

1 Die Hühnerbrühe, die gewürfelten Kartoffeln und 1 Esslöffel Reisweinessig in einen Topf geben und zum Kochen bringen. Die Hitze reduzieren, bis die Brühe nur noch köchelt.

2 Das Stärkemehl mit 4 Esslöffeln Wasser mischen und in die heiße Brühe rühren.

3 Die Brühe aufkochen und so lange rühren, bis sie eingedickt ist. Die Hitze reduzieren, sodass die Brühe nur noch köchelt.

4 Die Schweinefilets in eine Schüssel geben und mit restlichem Reisweinessig, Sojasauce und Sesamöl marinieren.

5 Schweinefilets, Möhren und Ingwer zur Brühe geben und 10 Minuten kochen lassen. Dann Frühlingszwiebeln oder Schalotten, rote Paprikaschote und Bambussprossen einrühren. Alles weitere 5 Minuten kochen lassen. Die Suppe anschließend in vorgewärmten Tellern anrichten und sofort servieren.

TIPP

Sesamöl hat einen sehr intensiven Geschmack und sollte nur in kleinen Mengen verwendet werden.

VARIATION

Für Extra-Schärfe: Bei Schritt 5 eine klein gehackte rote Chilischote oder 1 TL Chilipulver dazugeben.

Kartoffel-Rindfleisch-Suppe

Ein ausgezeichnetes Gericht für kalte Wintertage: zarte Rindfleischstücke und deftiges Mischgemüse in einer kräftigen Brühe, geschmacklich abgerundet mit einem Schuss Sherry.

Für 4 Personen

ZUTATEN

2 EL Pflanzenöl
250 g in Streifen geschnittenes Steak vom Rind
250 g halbierte neue Kartoffeln ohne Schale
1 in Würfel geschnittene Möhre
2 in Scheiben geschnittene Staudensellerie
2 in Scheiben geschnittene Stangen Lauch
900 ml Rinderbrühe
8 in Scheiben geschnittene kleine Maiskolben (aus dem Glas)
1 Bund frische Kräuter
2 EL trockener Sherry
Salz, Pfeffer (aus der Mühle)
gehackte Petersilie zum Garnieren

1 Das Öl in einem großen Topf erhitzen, darin die Fleischstreifen 3 Minuten scharf anbraten; sie dabei regelmäßig wenden.

2 Kartoffeln, Möhre sowie Sellerie- und Lauchscheiben dazugeben und 5 Minuten unter Rühren anbraten.

3 Mit der Gemüsebrühe aufgießen, aufkochen lassen, Hitze so weit reduzieren, bis die Flüssigkeit nur noch köchelt, und dann die Maiskolben sowie die Kräuter dazugeben.

4 Die Suppe weitere 20 Minuten kochen lassen, bis das Fleisch und die Gemüse gar sind.

5 Dann den Kräuterstrauß aus dem Topf nehmen, den trockenen Sherry in die Suppe rühren und alles nach Geschmack mit Salz und frisch gemahlenem Pfeffer würzen.

6 Die Suppe in vorgewärmten Tellern anrichten und mit Petersilie garnieren. Sofort servieren. Dazu passt frisches knuspriges Brot.

TIPP

Bereiten Sie die doppelte Menge der Suppe zu, und frieren Sie den Rest ein. Wenn Sie sie verzehren wollen, zuerst im Kühlschrank auftauen lassen, dann so lange erhitzen, bis sie kochendheiß ist.

1

3

5

Kartoffel-Fisch-Suppe

Jedes Potpourri von Fischsorten und Meeresfrüchten eignet sich für dieses Gericht, vom einfachen Räucher- oder Weißfisch bis zu Lachs und Muscheln.

Für 4 Personen

ZUTATEN

2 EL Pflanzenöl
500 g halbierte neue Kartoffeln mit Schale
1 Bund in Scheiben geschnittene Frühlingszwiebeln oder Schalotten
1 in Ringe geschnittene gelbe Paprikaschote
2 durchgepresste Knoblauchzehen
250 ml trockener Weißwein
600 ml Fischfond
je 250 g klein geschnittenes Weißfisch- und geräuchertes Kabeljaufilet ohne Haut und Gräten
2 enthäutete entkernte Tomaten in Würfeln
100 g gekochte Garnelen ohne Krusten
150 g Crème double oder Crème fraîche
2 EL klein geschnittenes Basilikum

1 Das Öl in einem großen Topf erhitzen, Kartoffeln, Frühlingszwiebeln oder Schalotten, Paprikaschote und Knoblauch hineingeben und 3 Minuten unter ständigem Rühren anbraten.

2 Weißwein und Fischfond hinzufügen, aufkochen und dann auf kleiner Flamme 10 bis 15 Minuten köcheln lassen.

3 Die Fischfilets und die Tomaten in die Suppe geben und etwa 10 Minuten kochen, bis der Fisch durch ist.

4 Garnelen, Crème double sowie Basilikum unterrühren und ca. 3 Minuten kochen. Die Suppe in vorgewärmten Tellern servieren.

TIPP

Das Basilikum erst am Schluss hinzufügen, da sonst der Geschmack beim Kochen verloren geht.

VARIATION

Für eine etwas weniger kräftige Suppe lassen Sie den Weißwein weg und rühren statt Crème double Naturjoghurt ein.

Kartoffelsalat mit Apfel und Bohnen

Für dieses Rezept können Sie jede beliebige Mischung von Bohnen verwenden; je größer die Vielfalt ist, desto bunter wird der Salat.

Für 4 Personen

ZUTATEN

250 g gewaschene, in Viertel geteilte neue Kartoffeln mit Schale
250 g gut abgetropfte gemischte Bohnen aus der Dose
1 in Würfel geschnittener roter Apfel (mit 1 EL Zitronensaft beträufelt)
1 in Würfel geschnittene kleine gelbe Paprikaschote
1 in Würfel geschnittene Schalotte
1/2 in Würfel geschnittene Fenchelknolle
einige Blätter Eichblattsalat

FÜR DAS DRESSING:
1 EL Rotweinessig
2 EL kaltgepresstes Olivenöl
1/2 EL mittelscharfer Senf
1 durchgepresste Knoblauchzehe
2 TL gehackter Thymian

1 Die Kartoffeln ca. 15 Minuten kochen, bis sie weich sind, abgießen, abtropfen lassen und in eine Schüssel geben.

2 Bohnen, Apfel, Paprika sowie Schalotten- und Fenchelwürfel dazugeben, gut mischen; dabei darauf achten, dass die gekochten Kartoffeln nicht zerdrückt werden.

3 Sämtliche Zutaten für das Dressing vermischen, dann über dem Kartoffelsalat verteilen.

4 Eine Salatschüssel mit dem Eichblattsalat auslegen und die Kartoffelmischung in die Mitte setzen. Sofort servieren.

TIPP

Man kann den Salat auch mit Trockenbohnen zubereiten. Diese 8 Stunden einweichen, abgießen, mit Wasser bedecken, etwa 10 Minuten kochen, dann Hitze reduzieren und so lange köcheln, bis die Bohnen weich sind.

VARIATION

Um einen anderen Geschmack zu erzielen, können Sie auch Dijon-Senf verwenden.

Kartoffelsalat mit Gurkenscheiben und Roten Beten

Rote Bete verleiht den Kartoffeln eine appetitliche rosa Färbung; zusammen mit den Gurkenscheiben erhält man so einen wahrhaft bunten und leckeren Salat.

Für 4 Personen

ZUTATEN

500 g gewürfelte festkochende Kartoffeln
4 kleine gekochte Rote-Bete-Knollen, in Scheiben geschnitten
1/2 in dünne Scheiben geschnittene Salatgurke
2 große, in Scheiben geschnittene Gewürzgurken
1 halbierte, in Ringe geschnittene rote Zwiebel
Dillzweige zum Garnieren

FÜR DAS DRESSING:
1 durchgepresste Knoblauchzehe
2 EL kaltgepresstes Olivenöl
2 EL Rotweinessig
2 EL gehackter Dill
Salz, Pfeffer (aus der Mühle)

1 Die gewürfelten Kartoffeln in kochendem Wasser 15 Minuten weich kochen, abgießen und auskühlen lassen.

2 Die ausgekühlten Kartoffeln mit den roten Beten mischen und beiseite stellen.

3 Eine Salatplatte mit Gurkenscheiben, Gewürzgurken und roten Zwiebeln auslegen, darauf in die Mitte die Kartoffel-Rote-Bete-Mischung setzen.

4 Sämtliche Zutaten für das Dressing mischen, dann über den Salat gießen.

5 Den Salat mit Dillzweigen garnieren und sofort servieren.

TIPP

Wenn Sie den Salat im Voraus vorbereiten, mischen Sie die Kartoffeln und die Roten Beten erst kurz vor dem Servieren.

VARIATION

Die Salatplatte mit den Blättern von 2 Chicorée- oder Endivienkolben belegen und darauf die Gurken-, Gewürzgurken- und Zwiebelscheiben arrangieren.

2

3

4

Kartoffel-Gurken-Salat mit Radieschen

Das Kräuter-Senf-Dressing verleiht diesem bunten Salat ein mildes Senfaroma, das den Kartoffelgeschmack ideal ergänzt.

Für 4 Personen

ZUTATEN

500 g gewaschene halbierte neue Kartoffeln mit Schale
1/2 in dünne Scheiben geschnittene Salatgurke
2 TL Salz
1 Bund in dünne Scheiben geschnittene Radieschen

FÜR DAS DRESSING:
1 EL Dijon-Senf
2 EL kaltgepresstes Olivenöl
1 EL Weißweinessig
2 EL gehackte Kräutermischung

1 Die Kartoffeln in kochendem Wasser 10 bis 15 Minuten weich kochen, abgießen und auskühlen lassen.

2 Die Gurkenscheiben auf einem Teller verteilen und mit Salz bestreuen. 30 Minuten stehen lassen, dann unter kaltem fließendem Wasser abspülen und mit Küchenpapier trockentupfen.

3 Die Gurken- und Radieschenscheiben auf einer Servierplatte anrichten, darauf die gekochten Kartoffeln in der Mitte zu einem Haufen aufschichten.

4 Die Zutaten für das Dressing mischen und über dem Salat gut verteilen, sodass alle Zutaten des Salats überzogen sind. Vor dem Servieren den Salat in den Kühlschrank stellen.

TIPP

Die Gurke verleiht dem Salat nicht nur Farbe, sondern auch Frische. Sie wird gesalzen und liegen gelassen, um ihr dadurch überschüssiges Wasser zu entziehen. Bevor man sie weiter verarbeitet, muss man sie gut abspülen.

VARIATION

Dijon-Senf hat ein mildes Aroma, das perfekt zu diesem Salat passt, da es die anderen Aromen nicht überdeckt. Falls Sie anderen Senf nehmen, niemals eine scharfe Sorte verwenden.

2

2

3

Süßkartoffelsalat mit Banane

Dieser fruchtige Salat verbindet die Süße der Kartoffeln und Bananen mit der kräftigen Schärfe der Paprikaschoten. Das Honig-Dressing verleiht ihm eine besondere Geschmacksnote.

Für 4 Personen

ZUTATEN

500 g gewürfelte Süßkartoffeln
50 g Butter
1 EL Zitronensaft
1 durchgepresste Knoblauchzehe
je 1 in Würfel geschnittene rote und grüne Paprikaschote

2 in dicke Scheiben geschnittene Bananen
2 dicke, in Würfel geschnittene Scheiben Weißbrot (ohne Rinde)
Salz
Pfeffer (aus der Mühle)

FÜR DAS DRESSING:
1 EL flüssiger Honig
1 EL gehackter Schnittlauch
2 EL Zitronensaft
2 EL kaltgepresstes Olivenöl

1 Die Süßkartoffeln in kochendem Wasser 10 bis 15 Minuten weich kochen, gründlich abgießen und beiseite stellen.

2 Inzwischen die Butter in einer Bratpfanne zerlassen. Zitronensaft, Knoblauch sowie Paprika hinzufügen und unter ständigem Rühren 3 Minuten dünsten.

3 Die Bananenscheiben in die Pfanne geben und 1 Minute anbraten; mit einem Schaumlöffel herausnehmen und unter die Kartoffeln heben.

4 Nun die Brotwürfel in eine große Pfanne geben und 2 Minuten rösten; dabei häufig wenden, bis sie auf allen Seiten goldbraun sind.

5 Sämtliche Zutaten für das Dressing mischen und so lange erhitzen, bis sich der Honig aufgelöst hat.

6 Den Salat auf einer Servierplatte anrichten, mit Salz und Pfeffer würzen, das Dressing darüber gießen und die Croûtons darauf verteilen. Sofort servieren.

TIPP

Verwenden Sie feste, noch nicht ganz reife Bananen, damit sie beim Braten nicht weich und matschig werden.

Süßsaurer Kartoffelsalat mit Nüssen

Die aromatisch schmeckenden Pekannüsse verleihen zusammen mit den Süßkartoffeln diesem Salat seine besondere süßsaure Geschmacksnote.

Für 4 Personen

ZUTATEN

500 g gewürfelte Süßkartoffeln
2 in Scheiben geschnittene Stangensellerie
150 g geraspelter Knollensellerie
2 in Scheiben geschnittene Frühlingszwiebeln oder Schalotten

50 g gehackte Pekannüsse
2 in Blätter zerteilte Chicorée
1 TL frisch gepresster Zitronensaft
Thymianzweige zum Garnieren

FÜR DAS DRESSING:
4 EL Pflanzenöl
1 EL Knoblauch-Weinessig
1 TL feiner hellbrauner Zucker
2 TL gehackter Thymian

1 Die Süßkartoffeln 5 Minuten weich kochen, abgießen und auskühlen lassen.

2 Unter die Kartoffeln Stangen- und Knollensellerie, Frühlingszwiebeln oder Schalotten und Pekannüsse mischen.

3 Eine Salatplatte mit den Chicoréeblättern auslegen und diese mit Zitronensaft beträufeln.

4 Die Kartoffelmischung in die Mitte der Platte setzen.

5 In einer Schüssel die Zutaten für das Dressing mischen.

6 Das Dressing über dem Salat verteilen, mit Thymian garnieren und sofort servieren.

TIPP

Süßkartoffeln halten sich nicht so gut wie gewöhnliche Kartoffeln. Am besten lagert man sie kühl und verwendet sie innerhalb einer Woche nach dem Kauf.

VARIATION

Wenn Sie Knoblauch-Weinessig nicht mögen, können Sie auch würziges Kräuteröl verwenden.

Indischer Kartoffelsalat

Dieser scharfe Kartoffelsalat wird in Indien als Beilage zu Currygerichten oder vegetarischen Mahlzeiten serviert. Er schmeckt gekühlt am besten.

Für 4 Personen

ZUTATEN

4 gewürfelte, vorwiegend festkochende Kartoffeln
100 g kleine Brokkoliröschen
1 kleine gewürfelte Mango
4 in Ringe geschnittene Frühlingszwiebeln oder Schalotten
Salz, Pfeffer (aus der Mühle)
getoastetes Fladenbrot als Beilage

FÜR DAS DRESSING:
1/2 TL gemahlener Kreuzkümmel
1/2 TL gemahlener Koriander
1 EL Mangochutney
150 g Naturjoghurt
1 TL gehackte Ingwerwurzel
2 EL gehackter frischer Koriander

1 Die Kartoffeln 10 Minuten in kochendem Wasser garen, bis sie weich sind. Abtropfen lassen und in eine Schüssel zum Mischen geben.

2 Die Brokkoliröschen in kochendem Wasser 2 Minuten blanchieren, abgießen, gut abtropfen lassen und zu den Kartoffeln geben.

3 Wenn die Kartoffeln und Brokkoliröschen abgekühlt sind, die Mangowürfel und die Frühlingszwiebel- oder Schalottenringe dazugeben. Mit Salz sowie Pfeffer würzen und alles gut durchmischen.

4 In einer Schüssel alle Zutaten für das Dressing mischen.

5 Das Dressing über der Kartoffelmischung verteilen, alles vorsichtig mischen; dabei darauf achten, dass Kartoffeln und Brokkoliröschen nicht zerdrückt werden. Sofort servieren. Dazu passt getoastetes Fladenbrot.

TIPP

Mischen Sie die Zutaten für das Dressing vorher, und stellen Sie dieses einige Stunden in den Kühlschrank, damit der Geschmack intensiver wird.

2

3

5

Mexikanischer Kartoffelsalat

Bei diesem typisch mexikanischen Gericht bedeckt man Kartoffelscheiben mit Tomaten, Chili sowie Schinken und setzt ein Avocado-Dressing darauf.

Für 4 Personen

ZUTATEN

- 4 große, in Scheiben geschnittene festkochende Kartoffeln ohne Schale
- 1 reife Avocado
- 1 TL kaltgepresstes Olivenöl
- 1 TL frisch gepresster Zitronensaft
- 1 durchgepresste Knoblauchzehe
- 1 gehackte Zwiebel
- 2 große, in Scheiben geschnittene Tomaten
- 1 gehackte grüne Chilischote
- 1 in Ringe geschnittene gelbe Paprikaschote
- 2 EL gehackter frischer Koriander
- Salz
- Pfeffer (aus der Mühle)
- Zitronenspalten zum Garnieren

1 Die Kartoffelscheiben etwa 15 Minuten weich kochen, abgießen und auskühlen lassen.

2 Inzwischen die Avocado halbieren und den Kern entfernen. Mit einem Löffel das Fleisch aus den beiden Hälften heben und dieses in eine Schüssel geben.

3 Das Avocadofleisch mit einer Gabel zerdrücken und mit Olivenöl, Zitronensaft, Knoblauch sowie Zwiebel mischen. Die Schüssel mit Frischhaltefolie verschließen und beiseite stellen.

4 Tomaten, Chili und Paprika mischen und zusammen mit den Kartoffelscheiben auf einer Salatplatte anrichten.

5 Darauf die Avocadomischung geben und mit Koriander bestreuen. Mit Salz und Pfeffer abschmecken, mit Zitronenspalten garnieren und servieren.

VARIATION

Lassen Sie den grünen Chili weg, wenn Sie es nicht scharf mögen.

TIPP

Wenn Sie das Avocadofleisch mit Zitronensaft mischen, wird es nicht so leicht braun.

3

4

5

Kartoffelnester mit Chinasalat

Knusprig frittierte Kartoffelnester eignen sich ausgezeichnet als essbare Salatschüsseln; sie schmecken hervorragend zusammen mit einem fruchtigen chinesischen Salat.

Für 4 Personen

ZUTATEN

500 g mehligkochende Kartoffeln
50 g Speisestärke
Pflanzenöl zum Frittieren
frischer Schnittlauch zum Garnieren

FÜR DEN SALAT:
150 g klein geschnittene Ananas
1 klein geschnittene grüne Paprika
1 in Streifen geschnittene Möhre
50 g in dicke Scheiben geschnittene Zuckererbsenschoten
4 der Länge nach halbierte Maiskölbchen (aus dem Glas)
2 EL Sojabohnensprossen
2 klein geschnittene Frühlingszwiebeln

FÜR DAS DRESSING:
1 EL flüssiger Honig
1 TL helle Sojasauce
1 durchgepresste Knoblauchzehe
1 TL Zitronensaft

1 Für die Nester die Kartoffeln schälen, raspeln und mehrmals mit kaltem Wasser abspülen, abtropfen lassen und trockentupfen. Die Speisestärke hinzufügen und alles gut mischen.

2 Einen Wok zur Hälfte mit Öl füllen, dieses erhitzen, bevor es zu rauchen beginnt. Ein Drahtsieb mit einem Viertel der Kartoffelmischung füllen und darauf ein weiteres Sieb pressen.

3 Die Siebe in das Öl tauchen und die Kartoffeln 2 Minuten goldbraun frittieren. Überschüssiges Öl abtropfen lassen.

4 Das Ganze dreimal wiederholen, bis die gesamte Kartoffelmischung verarbeitet ist. Die 4 Nester abkühlen lassen.

5 Die Zutaten für den Salat mischen und diesen auf die Kartoffelkörbchen verteilen.

6 Die Zutaten für das Dressing mischen, es über den Salat geben, mit Schnittlauch garnieren und sofort servieren.

TIPP

Die Kartoffeln gründlich waschen, um überschüssige Stärke zu entfernen. Bevor sie in das Öl kommen, gut trocknen lassen, damit dieses nicht spritzt.

1

2

3

Kartoffel-Rucola-Salat mit Apfelwürfeln

Cremiger salziger Ziegenkäse verleiht diesem knackigen und bunten Kartoffelsalat einen angenehm pikanten Geschmack.

Für 4 Personen

ZUTATEN

- 2 große, in Scheiben geschnittene Kartoffeln mit Schale
- 2 gewürfelte grüne Dessertäpfel
- 1 TL Zitronensaft
- 1 - 2 EL Walnusskerne
- 150 g in Würfel geschnittener Ziegenkäse
- 150 g Rucolablätter (Rauke)
- Salz
- Pfeffer (aus der Mühle)

FÜR DAS DRESSING:

- 2 EL kaltgepresstes Olivenöl
- 1 EL Rotweinessig
- 1 TL flüssiger Honig
- 1 TL Fenchelsamen

1 Die Kartoffeln 15 Minuten weich kochen, abgießen, abtropfen und auskühlen lassen, dann in eine Schüssel geben.

2 Die Apfelstücke in den Zitronensaft tauchen und mit den Kartoffeln vermengen.

3 Walnusskerne, Käsewürfel und Rucolablätter hinzufügen und alles gut mischen. Mit Salz und Pfeffer abschmecken.

4 Die Zutaten für das Dressing in einer kleinen Schüssel verrühren, über den Salat geben und sofort servieren.

TIPP

Damit die Apfelstücke nicht ihre Farbe verlieren, können Sie auch alle anderen Zutaten im Voraus vorbereiten und die Äpfel erst ganz zum Schluss dazugeben.

VARIATION

Wenn Sie wollen, können Sie auch Blauschimmel- statt Ziegenkäse untermischen. Anstatt Rucola kann man auch jungen Spinat verwenden.

2

3

4

Kartoffelsalat mit Mischgemüse und Zitronenmayonnaise

Dieser Salat ist eine bunte Mischung aus neuen Kartoffeln, bunten Gemüsen, aromatischen Pilzen und leckeren Schinkenwürfeln, angemacht mit einer Zitronenmayonnaise.

Für 4 Personen

ZUTATEN

500 g gewaschene neue Kartoffeln mit Schale
1 in Streifen geschnittene Möhre
250 g Blumenkohlröschen
200 g grüne Bohnen (Haricots verts)
250 g der Länge nach halbierte Maiskölbchen (aus dem Glas)
200 g gekochter Schinken in Würfeln
50 g in Scheiben geschnittene Champignons
Salz
Pfeffer (aus der Mühle)

FÜR DAS DRESSING:
2 EL gehackte Petersilie
150 g Mayonnaise
150 g Naturjoghurt
2 EL Zitronensaft
Schale von 1 unbehandelten Zitrone
2 TL Fenchelsamen

1 Die Kartoffeln in einem Topf mit kochendem Wasser in ca. 15 Minuten weich garen, abgießen, abkühlen lassen und dann in dünne Scheiben schneiden.

2 In der Zwischenzeit Möhren, Blumenkohl und grüne Bohnen in kochendem Wasser 5 Minuten garen, abgießen und abkühlen lassen. Maiskölbchen untermischen

3 Von der Petersilie 1 TL zum Garnieren aufbewahren. Den Rest und die anderen Zutaten für das Dressing mischen.

4 Das Gemüse auf einer Salatplatte anrichten und mit Schinkenwürfeln sowie Pilzscheiben belegen. Das Dressing über den Salat geben und mit Petersilie garnieren. Sofort servieren.

TIPP

Anstatt des frischen Gemüses können Sie auch tiefgekühltes Mischgemüse verwenden.

1

2

4

Indonesischer Kartoffelsalat mit Huhn

Das pikante Erdnussdressing zu diesem Salat kann schon einige Zeit vorher zubereitet und einen Tag kalt gestellt werden.

Für 4 Personen

ZUTATEN

- 4 große, geschälte, festkochende Kartoffeln in Würfeln
- 300 g frische Ananas in Stücken
- 2 geraspelte Möhren
- 200 g Sojabohnensprossen
- 1 Bund in Scheiben geschnittene Frühlingszwiebeln oder Schalotten
- 1 großer gestiftelter Zucchini
- 3 in Stifte geschnittene Stangensellerie
- 200 g ungesalzene Erdnüsse
- 2 gekochte, in Scheiben geschnittene Hühnerbrustfilets (à 150 g)
- Limonenspalten zum Garnieren

FÜR DAS DRESSING:

- 3 EL knusprige Erdnussbutter
- 3 EL kaltgepresstes Olivenöl
- 2 EL helle Sojasauce
- 1 gehackte rote Chilischote
- 1 TL Sesamöl
- 2 EL frisch gepresster Limonensaft

1 Die Kartoffeln ca. 10 Minuten lang weich kochen, abgießen und auskühlen lassen.

2 Die Kartoffeln in eine Salatschüssel geben.

3 Ananas, Möhren, Zwiebeln, Zucchini, Sellerie, Erdnüsse und Hühnerfleisch zu den Kartoffeln geben. Alles gut mischen.

4 Für das Dressing die Erdnussbutter in eine kleine Schüssel geben und nach und nach das Olivenöl sowie die Sojasauce einrühren.

5 Chilischote, Sesamöl und Limonensaft dazugeben und so lange rühren, bis alles gut vermischt ist.

6 Das Dressing über den Salat geben und vorsichtig untermischen, sodass alle Zutaten damit überzogen sind. Mit Limonenspalten garnieren und sofort servieren.

TIPP

Anstatt der frischen können Sie auch Ananas aus der Dose nehmen. Wenn es nur gesüßte Ananas gibt, spülen Sie sie unter kaltem fließendem Wasser ab, bevor Sie sie verwenden.

3

4

5

Pikanter Kartoffelsalat mit Huhn

Zartes Hühnerbrustfleisch eignet sich besonders gut für Salate, weil es sich in kleinen Stücken schnell braten lässt und sehr gut mit anderen Zutaten harmoniert.

Für 4 Personen

ZUTATEN

2 EL Butter
2 gehäutete Hühnerbrustfilets (à 150 g)
1 gehackte rote Chilischote
1 EL flüssiger Honig
1/2 TL Kreuzkümmelpulver
2 EL gehackter Koriander
2 große gewürfelte Kartoffeln
50 g halbierte grüne Bohnen
1 in Streifen geschnittene rote Paprikaschote
2 fein gewürfelte Tomaten

FÜR DAS DRESSING:
2 EL kaltgepresstes Olivenöl
1 Prise Chilipulver
1 EL Knoblauch-Weinessig
1 Prise Zucker
1 EL gehackter Koriander

1 Hühnerfilets in dünne Streifen schneiden. Butter zerlassen, darin Filetstreifen, Chilischote, Honig und Kreuzkümmel 10 Minuten garen.

2 Das Ganze in eine Schüssel füllen, abkühlen lassen, dann den Koriander untermischen.

3 Die Kartoffeln 10 Minuten garen, bis sie durch sind, abgießen und auskühlen lassen.

4 Die grünen Bohnen in kochendem Wasser etwa 3 Minuten lang blanchieren, abtropfen und auskühlen lassen. Anschließend die grünen Bohnen und die Kartoffeln in einer Salatschüssel mischen.

5 Die Paprikastreifen und die gewürfelten Tomaten zu den Kartoffeln und den Bohnen geben. Die pikante Hühnermischung unterheben.

6 Die Zutaten für das Dressing mischen, über den Salat geben und alles gut vermengen. Sofort servieren

VARIATION

Sie können anstatt des Hühnerfleisches auch mageres Putenfleisch verwenden, um so einen etwas kräftigeren Geschmack zu erhalten.

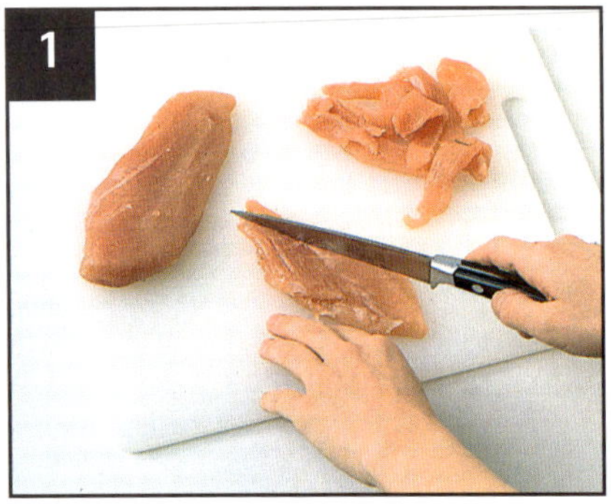

Grillkartoffeln mit Räucherschinken

Ungeschälte neue Kartoffeln gibt man in eine Kräuterölmarinade, damit sie wie vom Holzkohlengrill schmecken. Dazu reicht man Räucherschinken und Knoblauchmayonnaise.

Für 4 Personen

ZUTATEN

700 g gewaschene neue Kartoffeln mit Schale
3 EL kaltgepresstes Olivenöl
2 EL gehackter frischer Thymian
1 TL Paprikapulver

4 Scheiben geräucherter Schinken
Salz
Pfeffer (aus der Mühle)
Petersilie zum Garnieren

FÜR DAS DRESSING:
4 EL Mayonnaise
1 EL Knoblauch-Weinessig
2 durchgepresste Knoblauchzehen
1 EL gehackte Petersilie

1 Die Kartoffeln in kochendem Wasser 10 Minuten garen, abgießen und gut abtropfen lassen.

2 Olivenöl, Thymian sowie Paprika vermischen und über die warmen Kartoffeln geben.

3 Die Schinkenscheiben in einem auf mittlerer Hitze vorgeheizten Backofen 5 Minuten grillen, bis sie knusprig sind; dabei einmal wenden. Anschließend in nicht allzu kleine Stücke schneiden und warm halten.

4 Die Kartoffeln auf den Grillrost legen und 10 Minuten grillen, dabei einmal wenden.

5 Die Zutaten für das Dressing in einer kleinen Schüssel verrühren. Die Kartoffeln und den Schinken in eine große Schüssel geben. Mit Salz und Pfeffer abschmecken und vermischen.

6 Das Dressing auf die Kartoffeln geben, mit Petersilie garnieren und warm essen. Andernfalls gekühlt servieren.

VARIATION

Sie können statt des Schinkens auch eine würzige Wurst verwenden; diese müssen Sie vorher nicht auf dem Grill zubereiten.

Kartoffelsalat mit Salami

In Scheiben geschnittene italienische Salami harmoniert bestens mit Kartoffeln, Blattsalaten, Paprika, sonnengetrockneten Tomaten und Basilikum.

Für 4 Personen

ZUTATEN

500 g festkochende Kartoffeln
1 Kopf Radicchio oder Lollo rosso
1 in Streifen geschnittene grüne Paprikaschote
200 g in Scheiben geschnittene italienische Salami
1 halbierte und in Scheiben geschnittene rote Zwiebel
150 g in Streifen geschnittene sonnengetrocknete Tomaten
2 EL gehacktes Basilikum

FÜR DAS DRESSING:
1 EL Balsamessig
1 TL Tomatenmark
2 EL kaltgepresstes Olivenöl
Salz
Pfeffer (aus der Mühle)

1 Die geschälten Kartoffeln in kochendem Wasser 20 Minuten garen, bis sie durch sind, abgießen und auskühlen lassen.

2 Eine große Servierplatte mit geputzten Radicchio- oder Lollo-rosso-Blättern auslegen.

3 Die abgekühlten Kartoffeln in Scheiben schneiden und diese in mehreren Schichten zusammen mit Paprika, Salamischeiben, Zwiebel, Tomaten und Basilikum auf der mit Salatblättern ausgelegten Platte verteilen.

4 Balsamessig, Tomatenmark sowie Olivenöl mischen und nach Geschmack mit Salz und Pfeffer würzen. Das Dressing über den Salat geben und diesen sofort servieren.

TIPP

Am besten verwenden Sie in Öl eingelegte sonnengetrocknete Tomaten aus dem Glas. Vor dem Verwenden einfach das Öl mit Wasser abspülen und die Tomaten mit Küchenpapier trockentupfen.

VARIATION

Italien ist die eigentliche Heimat der Salami, und es gibt zahlreiche Sorten, unter denen Sie auswählen können; diejenigen aus dem Süden sind in der Regel stärker gewürzt als die aus den nördlichen Regionen.

Kartoffel-Tomaten-Salat mit Hummer und Limonendressing

Köstliches, jedoch teures Hummerfleisch macht aus diesem Salat ein Gericht für besondere Anlässe. Der kräftige Hummergeschmack wird durch das frische Limonendressing gemildert.

Für 4 Personen

ZUTATEN

500 g gewaschene und in Scheiben geschnittene Kartoffeln mit Schale
250 g gekochtes Hummerfleisch
150 g Mayonnaise
2 EL frisch gepresster Limonensaft
abgeriebene Schale von 1 unbehandelten Limone
1 EL gehackte Petersilie
2 EL kaltgepresstes Olivenöl
2 in Würfel geschnittene Tomaten
2 hartgekochte, in Viertel geteilte Eier
1 EL klein geschnittene grüne Oliven ohne Kern
Salz
Pfeffer (aus der Mühle)

1 Die Kartoffeln in kochendem Wasser 10 bis 15 Minuten garen, bis sie durch sind, abgießen und beiseite stellen.

2 Das Hummerfleisch aus der Panzerschale lösen und in größere Stücke schneiden.

3 Die Mayonnaise, 1 Esslöffel Limonensaft, die Hälfte der geriebenen Limonenschale sowie die Hälfte der Petersilie mischen und beiseite stellen.

4 Den übrigen Limonensaft sowie das Olivenöl verrühren und über die Kartoffeln gießen. Die Kartoffeln anrichten.

5 Darauf Hummer, Tomaten, Eier und Oliven verteilen. Mit Salz und Pfeffer abschmecken, die restliche Petersilie darüber streuen.

6 Die Mayonnaise auf die Mitte des Salates setzen, mit der restlichen Limonenschale garnieren und sofort servieren.

TIPP

Da für diesen Salat Schalentiere verwendet werden, sofort servieren oder zugedeckt und gekühlt höchstens 1 Stunde aufbewahren.

VARIATION

Man kann anstatt des Hummers auch Krebse oder Garnelen verwenden.

Kartoffel-Thunfisch-Salat

Dieses bunte Salatmischung ist eine Variation des klassischen „Salade Niçoise". Mit reichlich Thunfisch und Gemüse ist sie gleichermaßen nahrhaft wie wohlschmeckend.

Für 4 Personen

ZUTATEN

- 500 g gewaschene und in Viertel geteilte neue Kartoffeln mit Schale
- 1 in Streifen geschnittene grüne Paprikaschote
- 50 g abgetropfter Mais (aus der Dose)
- 1 in Ringe geschnittene rote Zwiebel
- 300 g zerkleinerter Thunfisch (aus der Dose)
- 2 EL klein geschnittene schwarze Oliven ohne Kern
- Salz, Pfeffer (aus der Mühle)
- Limonenspalten zum Garnieren

FÜR DAS DRESSING:

- je 2 EL Mayonnaise und saure Sahne
- 1 EL Limonensaft
- 2 durchgepresste Knoblauchzehen
- abgeriebene Schale von 1 unbehandelten Limone

1 Die Kartoffeln in kochendem Wasser 15 Minuten garen, bis sie weich sind, abgießen und in einer Schüssel auskühlen lassen.

2 Behutsam Paprika, Mais und Zwiebel unter die Kartoffeln mengen.

3 Die Kartoffelmischung in eine große Salatschüssel geben, den Thunfisch vom Öl abtropfen lassen und zusammen mit den Oliven darauf verteilen. Mit Salz und Pfeffer abschmecken.

4 Für das Dressing Mayonnaise, saure Sahne, Limonensaft, Knoblauch und Limonenschale mischen. Das Dressing mit einem Löffel über den Thunfisch und die Oliven geben. Den Salat mit den Limonenspalten garnieren und servieren.

TIPP

Dieser Salat ist die perfekte Mittagsmahlzeit im Sommer. Dazu passt ein trockener Weißwein.

VARIATION

Für den traditionellen „Salade Niçoise" fügt man noch grüne Bohnen und hartgekochte Eier in Scheiben hinzu.

Snacks & Leichtes

Kartoffeln sind so vielseitig, dass sie als Basis für viele leckere leichte Mahlzeiten und Snacks verwendet werden können. Außerdem sorgen sie für einen regelrechten Energieschub, da sie besonders kohlenhydratreich sind. Die eher geschmacksneutralen Kartoffeln können mit zahlreichen anderen Zutaten und Gewürzen zu wohlschmeckenden Gerichten und Snacks kombiniert werden.

Dieses Kapitel enthält eine Reihe von verführerischen Snacks wie etwa Paprikachips, Fladen mit würziger Kartoffelfüllung oder Spanische Tortilla, die alle schnell und leicht zubereitet werden können.

Daneben finden Sie in diesem Kapitel eine Reihe von wohlschmeckenden leichten Mahlzeiten. Probieren Sie doch einmal beispielsweise Kartoffelomelette mit Feta und Spinat oder Kartoffelrösti mit Lachs und saurer Sahne. Sie werden begeistert sein.

Kartoffel-Bohnen-Aufstrich

Dieser Brotaufstrich kann im Kühlschrank mindestens zwei Tage aufbewahrt werden. Servieren Sie ihn auf getoasteten Weißbrot- oder Schwarzbrotscheiben.

Für 4 Personen

ZUTATEN

- 100 g gewürfelte mehligkochende Kartoffeln ohne Schale
- 250 g gut abgetropfte Borlotti-, Flageolet- oder Kidney-Bohnen (aus der Dose)
- 1 durchgepresste Knoblauchzehe
- 2 TL Limonensaft
- 1 EL gehackter Koriander
- 2 EL Naturjoghurt
- Salz
- Pfeffer (aus der Mühle)
- gehackter Koriander zum Garnieren

1 Die Kartoffeln in kochendem Wasser in ca. 10 Minuten weich garen. Gut abtropfen lassen und dann stampfen.

2 Die Kartoffeln zusammen mit Bohnen, Knoblauch, Limonensaft und Koriander in einem Mixer zu Brei verarbeiten und mit Salz und Pfeffer abschmecken. Stattdessen kann man diese Zutaten auch mit einem Stampfer zerdrücken und vermischen.

3 Den Brei in eine Schüssel geben und den Joghurt hinzufügen. Alles gut mischen.

4 Den Aufstrich in eine Salatschüssel geben und mit Koriander garnieren. Sofort servieren oder kalt stellen.

TIPP

Für Melba-Toast Weißbrotscheiben auf beiden Seiten rösten und die Krusten entfernen. Den Toast auf eine feste Unterlage drücken und ihn mit einem scharfen Messer in horizontaler Richtung entzwei schneiden. In Dreiecke schneiden und so lange toasten, bis sich die Ecken aufwölben.

VARIATION

Wenn Sie keine Küchenmaschine haben oder einen körnigeren Aufstrich wollen, zerdrücken Sie die Zutaten mit einer Gabel.

Räucherfisch-Kartoffel-Aufstrich

Diese Räucherfisch-Paté erhält durch Stachelbeeren einen fruchtig-herben Geschmack, der ausgezeichnet zu Fisch passt.

Für 4 Personen

ZUTATEN

700 g gewürfelte mehligkochende Kartoffeln ohne Schale
300 g gehäutete und klein geschnittene Räuchermakrelen
100 g Stachelbeeren (aus dem Glas)
2 TL Zitronensaft
2 EL Crème fraîche
1 EL Kapern
1 klein geschnittene Essiggurke
1 EL klein geschnittene Dillgurke
1 EL gehackter Dill
Salz
Pfeffer (aus der Mühle)
Zitronenspalten zum Garnieren

1 Die Kartoffeln in kochendem Wasser 10 Minuten garen, bis sie weich sind; abgießen und gut abtropfen lassen.

2 Die gekochten Kartoffeln in eine Küchenmaschine oder in einen Mixer geben.

3 Die Räuchermakrele hinzufügen und ca. 30 Sekunden verarbeiten, bis eine Paste entstanden ist. Man kann auch alles mit einer Gabel zerdrücken.

4 Stachelbeeren, Zitronensaft und Crème fraîche hinzufügen und weitere 10 Sekunden mixen oder gut zerdrücken.

5 Kapern, Essiggurke, Dillgurke sowie Dill untermischen und kräftig mit Salz und Pfeffer würzen. Den Aufstrich in eine Salatschüssel geben, mit den Zitronenspalten garnieren und servieren.

TIPP

Frische Stachelbeeren werden in kochendem Wasser kurz gegart. Die weitere Verarbeitung erfolgt wie beschrieben.

VARIATION

Sie können auch ungesüßtes Apfelkompott anstatt Stachelbeeren nehmen, falls Sie keine bekommen.

Kartoffel-Kibbeh

Kibbeh ist ein Gericht aus dem Nahen Osten, das traditionell mit Bulgur (geschrotetem Weizen), Lammfleisch und Gewürzen zubereitet wird.

Für 4 Personen

ZUTATEN

- 175 g Bulgur (aus dem Naturkostladen)
- 400 g gewürfelte mehligkochende Kartoffeln ohne Schale
- 2 kleine frische Eier
- 2 EL zerlassene Butter
- 1 Prise Kreuzkümmelpulver
- 1 Prise Korianderpulver
- 1 Prise geriebene Muskatnuss
- Salz, Pfeffer (aus der Mühle)
- Öl zum Frittieren

FÜR DIE FÜLLUNG:

- 200 g gehacktes Lammfleisch
- 1 kleine gehackte Zwiebel
- 1 EL Pinienkerne
- 1 EL gehackte Dörraprikosen
- 1 Prise geriebene Muskatnuss
- 1 Prise Zimt
- 1 EL gehackter Koriander
- 2 EL Lammbrühe

1 Bulgur in eine Schüssel geben und mit kochendem Wasser bedecken. 30 Minuten einweichen, bis das Wasser aufgesogen und der geschrotete Weizen aufgequollen ist.

2 Inzwischen die Kartoffeln in kochendem Wasser 10 Minuten garen, bis sie durch sind, abgießen und zu Brei stampfen.

3 Bulgur zusammen mit Eiern, Butter, Kreuzkümmel- und Korianderpulver sowie Muskat zum Kartoffelbrei geben. Kräftig mit Salz und Pfeffer würzen.

4 Für die Füllung das Lammfleisch 5 Minuten ohne Fett braten, die Zwiebel hinzugeben und weitere 2 bis 3 Minuten braten. Die übrigen Zutaten für die Füllung hinzufügen, ca. 5 Minuten braten, bis die Lammbrühe aufgesogen ist. Leicht abkühlen lassen und in 8 Portionen teilen. Jede Portion zu einer Kugel formen.

5 Die Kartoffelmischung in 8 Portionen teilen und zu Fladen formen. Etwas Füllung in die Mitte jedes Fladens geben. Diesen dann so zu einer Kugel formen, dass er die Füllung völlig umschließt. Das Öl in einer großen Pfanne oder in einer Fritteuse auf 180 bis 190 °C oder so lange erhitzen, bis ein Brotwürfel in 30 Sekunden braun wird, und die Kugeln 5 bis 7 Minuten frittieren, bis sie goldbraun sind. Gut abtropfen lassen und sofort servieren.

Kartoffel-Fleisch-Bällchen

Diese Buletten schmecken ausgezeichnet mit knusprigem, warmem Brot, das Sie in die scharfe Sauce tunken können.

Für 4 Personen

ZUTATEN

250 g gewürfelte mehligkochende Kartoffeln ohne Schale
250 g Hackfleisch vom Rind oder Lamm
1 fein gehackte Zwiebel
1 El gehackter Koriander
1 fein gehackter Staudensellerie
2 durchgepresste Knoblauchzehen
2 EL Butter
1 EL Pflanzenöl
Salz, Pfeffer (aus der Mühle)
gehackter Koriander zum Garnieren

FÜR DIE SAUCE:
1 EL Pflanzenöl
1 fein gehackte Zwiebel
1 EL brauner Zucker
400 g enthäutete Tomaten (aus der Packung)
1 gehackte grüne Chilischote
1 TL Paprikapulver
150 ml Gemüsebrühe
2 TL Speisestärke

1 Die Kartoffeln in kochendem Wasser 25 Minuten garen, bis sie durch sind, abgießen, gut abtropfen lassen, in eine Schüssel geben und zu Brei stampfen.

2 Hackfleisch, Zwiebel, Koriander, Sellerie und Knoblauch dazugeben und alles gut mischen.

3 Die Mischung zu einem Klumpen kneten und daraus 20 Bällchen formen.

4 Für die Sauce das Öl erhitzen, die Zwiebel 5 Minuten darin anbraten. Die übrigen Zutaten für die Sauce hinzufügen und unter Rühren zum Kochen bringen. Die Hitze reduzieren und alles 20 Minuten köcheln lassen.

5 Die Butter und das Öl erhitzen. Darin die Bällchen nach und nach ca. 10 bis 15 Minuten frittieren, bis sie braun sind; mehrmals wenden. Die fertigen Bällchen warm halten, während die übrigen frittiert werden. In eine Servierschüssel die Sauce füllen, darauf die Bällchen setzen und mit Koriander garniert servieren.

TIPP

Bereiten Sie die Kartoffel-Fleisch-Bällchen im Voraus zu, und lagern Sie sie in der Tiefkühltruhe. Vor dem Verwenden völlig auftauen!

2

3

4

Kartoffel-Fisch-Bällchen

Diese pikanten Buletten werden frittiert und mit einer kräftigen Tomatensauce serviert. Leicht und schnell gefertigt, kann man sie im Voraus zubereiten und einfrieren.

Für 4 Personen

ZUTATEN

500 g gewürfelte mehligkochende Kartoffeln ohne Schale
Salz
3 EL Butter
2 enthäutete Räucherfischfilets à 150 g (z. B. Makrele)
2 verquirlte frische Eier
1 EL gehackter Dill
1/2 TL Cayennepfeffer
Öl zum Frittieren
Pfeffer (aus der Mühle)
Dill zum Garnieren

FÜR DIE SAUCE:
300 g pürierte Tomaten
1 EL Tomatenmark
2 EL gehackter Dill
150 ml Fischfond

1 Die Kartoffeln in 10 Minuten garen, abgießen, die Butter hinzufügen und alles zu einem Brei stampfen. Mit Salz und Pfeffer würzen.

2 Die Fischfilets in kochendem Wasser 10 Minuten pochieren, dabei einmal wenden. Abtropfen lassen, zerstampfen und unter die Kartoffelmischung mengen.

3 Während die Kartoffel-Fisch-Mischung abkühlt, die Sauce zubereiten. Tomatenpüree und -mark, Dill und Brühe in den Topf geben und alles zum Kochen bringen. Die Hitze reduzieren, den Topf zudecken und die Sauce innerhalb von 20 Minuten eindicken.

4 Eier, Dill und Cayennepfeffer zu der Mischung geben und alles gut vermischen.

5 Das Öl auf 190 °C erhitzen. Löffelweise die Kartoffelmischung ins Öl geben und ca. 4 Minuten darin frittieren, bis die Bällchen goldbraun sind. Auf Küchenpapier das Öl abtropfen lassen.

6 Die Kartoffel-Fisch-Bällchen mit Dill bestreuen und zusammen mit der Tomatensauce servieren.

VARIATION

Anstatt Räucherfisch kann man ebensogut Weißfischfilets oder zerkleinerte Garnelen (Shrimps) verwenden.

1

3

4

Kartoffelplätzchen mit Krabben

Diese Küchlein sind die Variation eines traditionellen thailändischen Rezepts. Zusammen mit einer süßsauren Gurkensauce eignen sie sich bestens als leichter Snack.

Für 4 Personen

ZUTATEN

500 g gewürfelte mehligkochende Kartoffeln ohne Schale
200 g abgetropftes weißes Krabbenfleisch (aus der Dose)
4 gehackte Frühlingszwiebeln oder Schalotten
1 TL helle Sojasauce, 1/2 TL Sesamöl
1 TL gehacktes Zitronengras
1 TL Limonensaft
3 EL Weizenmehl Type 405
Salz, Pfeffer (aus der Mühle)
2 EL Pflanzenöl

FÜR DIE SAUCE:
4 EL fein geschnittene Salatgurke
2 EL flüssiger Honig
1 EL Knoblauch-Weinessig
1/2 TL helle Sojasauce
1 gehackte rote Chilischote

ZUM GARNIEREN:
1 in Scheiben geschnittene rote Chilischote
Gurkenscheiben

1 Die Kartoffeln 10 Minuten weich kochen, abgießen und zu Brei stampfen.

2 Das Krabbenfleisch zusammen mit Frühlingszwiebeln oder Schalotten, Sojasauce, Sesamöl, Zitronengras , Limonensaft und Mehl unter die Kartoffelmasse mengen. Gut abschmecken.

3 Die Kartoffelmischung in 8 gleiche Portionen teilen und auf der flachen Hand zu runden Plätzchen formen.

4 Das Öl erhitzen, darin jeweils 4 Küchlein etwa 4 bis 7 Minuten ausbacken, dabei einmal wenden. Danach warm halten und das Ganze mit den übrigen Küchlein wiederholen.

5 Gurkenstückchen, Honig, Essig, Sojasauce und Chili mischen. Die Plätzchen mit den Gurken- und den roten Chilischotenscheiben garnieren und zusammen mit der Sauce servieren.

TIPP

Bereiten sie die Gurkensauce nicht zu früh zu, da das Wasser der Gurke die Sauce wässrig macht und den Geschmack abschwächt.

2

3

5

Kartoffelplätzchen mit Pilzen

Diese Küchlein mögen nicht nur Vegetarier. Bei den Pilzen haben Sie freie Wahl: Nehmen Sie die, die Ihnen am besten schmecken. Dazu passt ein einfacher knackiger Salat.

Für 4 Personen

ZUTATEN

500 g gewürfelte mehligkochende Kartoffeln
2 EL Butter
200 g klein geschnittene Pilze
2 durchgepresste Knoblauchzehen
1 kleines verquirltes frisches Ei
1 EL gehackter Schnittlauch
Mehl zum Bestäuben
Öl zum Braten
Salz
Pfeffer (aus der Mühle)
etwas Schnittlauch zum Garnieren

1 Die Kartoffeln 10 Minuten weich kochen, abgießen und zu Brei stampfen.

2 Die Butter zerlassen, darin die Pilze und den Knoblauch 5 Minuten anbraten, herausnehmen und abtropfen lassen.

3 Die Pilze und den Knoblauch zusammen mit dem verquirlten Ei und dem Schnittlauch unter die Kartoffelmasse mengen.

4 Die Mischung in 4 gleiche Portionen teilen und zu runden Plätzchen formen. Im Mehl wenden bis die Außenseite völlig damit bedeckt ist.

5 Das Öl erhitzen, darin die Plätzchen auf mittlerer Stufe 10 Minuten goldbraun ausbacken; nach den ersten 5 Minuten einmal wenden. Heiß servieren. Dazu passt ein knackiger grüner Blattsalat.

TIPP

Sie können die Küchlein im Voraus zubereiten und bis zu 24 Stunden im Kühlschrank aufbewahren.

VARIATION

Sollten Sie keinen Schnittlauch mögen, verwenden Sie andere frische Kräuter. Salbei, Estragon und Koriander passen alle gut zu gemischten Pilzen.

Rösti mit Käse und Zwiebeln

Diese Plätzchen aus geriebenen Kartoffeln werden auch als Strohküchlein bezeichnet, da sie etwas an Strohmatten erinnern. Zu den Rösti serviert man Tomatensauce oder Salat.

Für 4 Personen

ZUTATEN

1 kg vorwiegend festkochende Kartoffeln mit Schale
1 geriebene Zwiebel
50 g geriebener Greyerzer-Käse (Gruyère)
2 EL gehackte Petersilie
Salz
Pfeffer (aus der Mühle)
1 EL kaltgepresstes Olivenöl
2 EL Butter

ZUM GARNIEREN:
1 klein geschnittene Frühlingszwiebel oder Schalotte
1 kleine, in Viertel geteilte Tomate

1 Die Kartoffeln 10 Minuten vorkochen, abgießen, auskühlen lassen, schälen und auf einer groben Reibe raspeln.

2 Zwiebel, Käse und Petersilie unterheben, gut mit Salz und Pfeffer würzen. Die Mischung in 4 gleiche Portionen teilen und daraus Rösti formen.

3 Die Hälfte des Olivenöls und der Butter in einer Pfanne erhitzen und 2 Rösti auf höchster Stufe 1 Minute ausbacken. Dann die Hitze reduzieren und zuerst die Unterseite sowie danach die Oberseite jeweils 5 Minuten goldbraun werden lassen.

4 Auf die gleiche Weise mit dem Rest des Öls und der Butter die beiden anderen Rösti ausbacken. Auf Teller geben, mit Zwiebel sowie Tomatenvierteln garnieren und noch heiß servieren.

TIPP

Die Rösti sollten beim Ausbacken so flach wie möglich sein, da sie sonst außen eher gar sind als innen.

VARIATION

Um die Rösti etwas gehaltvoller zu machen, geben Sie gebratene Speck- oder Schinkenstreifen in die Kartoffelmischung.

Kartoffel-Blumenkohl-Krapfen

Man kann mit diesem Gericht ganz praktisch übriggebliebenes gekochtes Gemüse verarbeiten, weil sich dafür fast jede Sorte eignet.

Für 4 Personen

ZUTATEN

250 g gewürfelte mehligkochende Kartoffeln ohne Schale
250 g Blumenkohlröschen
2 EL geriebener Parmesan
Salz
Pfeffer (aus der Mühle)
1 frisches Ei
1 Eiweiß für den Überzug
Öl zum Braten
Paprikapulver zum Bestäuben
gebratene Speckstreifen

1 Die Kartoffeln 10 Minuten weich kochen, abgießen und zu Brei stampfen.

2 Die Blumenkohlröschen in kochendem Wasser 10 Minuten garen.

3 Abgießen, abtropfen lassen und unter den Kartoffelbrei mischen. Den Parmesan unterrühren und kräftig mit Salz sowie Pfeffer würzen.

4 Eiweiß und Dotter trennen, das Eigelb zur Kartoffel-Blumenkohl-Mischung geben und alles gut vermengen.

5 Die Kartoffelmischung in 8 gleiche Portionen teilen und zu Krapfen formen.

6 Beide Eiweiße in einer Schüssel steif schlagen und die Kartoffel-Blumenkohl-Krapfen damit überziehen.

7 Das Öl erhitzen und darin die Krapfen 3 bis 5 Minuten ausbacken; dabei mindestens einmal wenden.

8 Die Krapfen mit etwas Paprikapulver bestäuben, Speckstreifen darüber geben und servieren.

VARIATION

Anstatt des Blumenkohls können Sie auch jedes andere Gemüse, so z. B. Brokkoli, für die Krapfen verwenden.

3

6

7

Kartoffelkrapfen mit Knoblauchsauce

Goldbraun in Fett ausgebackene Kartoffelwürfel, mit Parmesan bestreut und mit dünnem Teig überzogen, ergeben einen pikanten Snack.

Für 4 Personen

ZUTATEN

FÜR DIE SAUCE:
2 EL Butter
1 halbierte und in Ringe geschnittene Zwiebel
2 durchgepresste Knoblauchzehen
1 EL Weizenmehl Type 405
300 ml Milch
1 EL gehackte Petersilie

AUSSERDEM:
500 g in große Würfel geschnittene festkochende Kartoffeln ohne Schale
150 g geriebener Parmesan
Öl zum Frittieren

FÜR DEN TEIG:
2 EL Weizenmehl Type 405
1 kleines frisches Ei
150 ml Milch

1 Für die Sauce die Butter zerlassen. Darin Zwiebelringe und Knoblauch 2 bis 3 Minuten anbraten, das Mehl hinzufügen und 1 weitere Minute erhitzen.

2 Den Topf von der Kochstelle nehmen, Milch und Petersilie dazugeben, einmal aufkochen lassen und dann warm halten.

3 Die Kartoffelwürfel in kochendem Wasser 5 bis 10 Minuten kochen, sodass sie noch einigermaßen fest sind. Die Würfel nicht zu stark kochen, da sie sonst zerfallen.

4 Die Kartoffelwürfel abgießen, abtropfen lassen und mit Parmesan bestreuen.

5 Für den Teig das Mehl in eine Schüssel sieben, nach und nach das Ei und die Milch einarbeiten, bis alles schön dünnflüssig ist. Die Kartoffelwürfel in den Teig tauchen und sie so damit überziehen.

6 Das Öl in einer Fritteuse auf 180 bis 190 °C erhitzen. Die Krapfen 3 bis 4 Minuten goldbraun frittieren. Die Krapfen mit einem Schaumlöffel herausnehmen, abtropfen lassen und servieren. Dazu die Knoblauchsauce reichen.

TIPP

Die Kartoffeln mit dem Parmesan dann bestreuen, wenn sie noch etwas feucht sind.

Kartoffelknödel mit Schinken und Käse

Ein Klassiker, den man entweder als Beilage oder zusammen mit gekochtem Gemüse oder Salami und einer Käsesauce als Zwischenmahlzeit serviert.

Für 4 Personen

ZUTATEN

500 g gewürfelte mehligkochende Kartoffeln ohne Schale
300 ml Milch
2 EL Butter
4 gehackte Frühlingszwiebeln oder Schalotten
100 g Cheddar-Käse
50 g in Würfel geschnittener Räucherschinken
1 klein geschnittener Staudensellerie

1 frisches Ei
2 EL Weizenmehl Type 405
Salz
Pfeffer (aus der Mühle)
Öl zum Frittieren

FÜR DEN ÜBERZUG:
2 frische Eier
150 g Vollkorn-Semmelbrösel

FÜR DIE SAUCE:
2 EL Butter
1 EL Weizenmehl Type 405
150 ml Milch
150 ml Gemüsebrühe
100 g geriebener Cheddar-Käse
1 TL Dijon-Senf
1 EL gehackter Koriander

1 Die Kartoffeln zusammen mit der Milch zum Kochen bringen; dann so lange köcheln lassen, bis die Flüssigkeit aufgesogen ist.

2 Die Butter hinzufügen und die Kartoffeln zu Brei stampfen. Frühlingszwiebeln oder Schalotten, Käse, Schinken, Sellerie, Ei und Mehl unterrühren, würzen und auskühlen lassen.

3 Die Eier in einer Schüssel verquirlen. Die Semmelbrösel gesondert in einen Teller schütten.

4 Etwa 8 Knödel formen; jeden zuerst in das Ei tauchen, dann in den Semmelbröseln rollen.

5 Für die Sauce die Butter zerlassen, das Mehl hinzufügen und alles 1 Minute erhitzen. Dann Milch, Brühe, Käse, Senf und Kräuter unterrühren, zum Kochen bringen und durchrühren, bis die Sauce eingedickt ist. Die Hitze reduzieren und alles warm halten.

6 Das Öl in einer Fritteuse auf 180 bis 190 °C erhitzen und die Knödel 5 Minuten frittieren.. Gut abtropfen lassen und zusammen mit der Käsesauce servieren.

2

4

4

Kartoffelbrätlinge mit Tomatensauce

Die beliebten, in Öl ausgebackenen Kartoffelquadrate werden in Amerika häufig zum Brunch serviert. Zusammen mit Gemüse ergeben sie eine richtige Mahlzeit.

Für 4 Personen

ZUTATEN

500 g festkochende Kartoffeln ohne Schale
1 klein geschnittene Möhre
1 klein geschnittener Staudensellerie
2 EL klein geschnittene Champignons
1 gehackte Zwiebel
2 durchgepresste Knoblauchzehen
1 - 2 EL aufgetaute TK-Erbsen
2 EL geriebener Parmesan
Salz
Pfeffer (aus der Mühle)
4 EL Pflanzenöl
2 EL Butter

FÜR DIE SAUCE:
300 g pürierte Tomaten
2 EL gehackter Koriander
1 EL Worcestershiresauce
1/2 TL Chilipulver
1 EL brauner Zucker
1 EL mittelscharfer Senf
100 ml Gemüsebrühe

1 Die Kartoffeln 10 Minuten weich garen, abgießen und auskühlen lassen. Die Möhre 5 Minuten blanchieren.

2 Die Kartoffeln auf einer Reibe grob raspeln.

3 Die Möhre abtropfen lassen und zusammen mit Sellerie, Pilzen, Zwiebel, Knoblauch, Erbsen und Käse unter die Kartoffelmasse mischen. Kräftig würzen.

4 Alle Zutaten für die Sauce zum Kochen bringen, die Hitze reduzieren und 15 Minuten köcheln lassen.

5 Die Kartoffelmischung in 8 gleiche Portionen teilen und mit den Händen zu flachen Vierecken formen.

6 Öl sowie Butter erhitzen und die Brätlinge bei geringer Hitze auf jeder Seite 4 bis 5 Minuten ausbacken, bis sie knusprig und goldbraun sind.

7 Die Brätlinge zusammen mit der Tomatensauce servieren.

TIPP

Sie können jede beliebige Gemüsemischung verwenden. Nicht-Vegetarier können auch gewürfelten Schinken hinzufügen.

Kartoffelrösti mit Lachs und saurer Sahne

Rösti sind eigentlich eine klassische Beilage aus der Schweiz. Hier werden sie quasi als Luxusversion zusammen mit geräuchertem Lachs und saurer Sahne als Hauptgericht serviert.

Für 4 Personen

ZUTATEN

500 g grob geraspelte mehligkochende Kartoffeln
2 gehackte Frühlingszwiebeln oder Schalotten
2 EL Kartofflmehl
2 verquirlte frische Eier
Salz
Pfeffer (aus der Mühle)
2 EL Pflanzenöl

AUSSERDEM:
150 g saure Sahne
150 g Räucherlachs
Schnittlauch zum Garnieren

1 Die geraspelten Kartoffeln unter fließendem kaltem Wasser abspülen, abtropfen lassen und mit Küchenpapier trockentupfen.

2 Zwiebeln oder Schalotten, Mehl, Hefe und Eier unter die Kartoffelmasse mischen und mit Salz sowie Pfeffer würzen.

3 In einer Pfanne 1 Esslöffel Öl erhitzen, etwa 4 Esslöffel von der Kartoffelmasse in die Pfanne geben, dabei jede Portion mit einem Löffel flachdrücken (die Mischung sollte insgesamt 16 Rösti ergeben). ca.5 bis 7 Minuten die Rösti braten, bis sie goldbraun sind, dabei einmal wenden. Gründlich abtropfen lassen.

4 Das übrige Öl erhitzen und darin die restliche Kartoffelmischung nach und nach zu Rösti verarbeiten. Auf die Rösti die saure Sahne und den Räucherlachs geben, mit Schnittlauch garnieren und heiß servieren.

TIPP

Kleinere Portionen können als Appetithäppchen serviert werden.

VARIATION

Rösti schmecken auch mit Prosciutto oder jedem anderen luftgetrockneten Schinken hervorragend.

2

3

3

Herzhafte Kartoffelomelette mit Feta und Spinat

Bei dieser Omelette fügt man Kartoffelwürfel zu der Eimischung hinzu und füllt sie mit der klassischen Kombination von Feta und Spinat.

Für 4 Personen

ZUTATEN

75 g Butter
6 gewürfelte festkochende Kartoffeln
3 durchgepresste Knoblauchzehen
1 TL Paprikapulver
2 gehäutete, entkernte und klein geschnittene Tomaten
12 frische Eier
Pfeffer (aus der Mühle)

FÜR DIE FÜLLUNG:
250 g junger Blattspinat
1 TL Fenchelsamen
150 g gewürfelter Feta-Käse
100 g Naturjoghurt

1 2 EL Butter zerlassen, darin die Kartoffeln bei geringer Hitze ca. 7 bis 10 Minuten unter gleichmäßigem Rühren garen, bis sie braun sind. Dann in eine Schüssel geben.

2 Knoblauch, Paprikapulver und Tomaten dazugeben und alles nochmals 2 Minuten erhitzen.

3 Die Eier schaumig schlagen, mit Pfeffer würzen und unter die Kartoffeln mischen.

4 Den Spinat 1 Minute in kochendem Wasser blanchieren, dann unter fließendem kaltem Wasser abschrecken. Mit Küchenpapier trockentupfen. Fenchelsamen, Feta und Joghurt dazu rühren.

5 In einer Pfanne von etwa 15 cm Ø 1 Esslöffel Butter erhitzen. Ein Viertel der Ei-Kartoffel-Mischung in die Pfanne schöpfen und 2 Minuten braten, bis die Omelette fertig ist; einmal wenden.

6 Die Omelette auf einen Teller legen. Ein Viertel der Spinatmischung auf eine Omelettehälfte geben und diese in der Mitte umschlagen. Das Ganze wiederholen, sodass man 4 Omelettes erhält.

VARIATION

Anstelle von Feta können Sie Blauschimmelkäse und anstatt Spinat blanchierten Mangold verwenden.

3

4

5

Spanische Tortilla

Das klassische spanische Gericht wird oft auch als Tapa (Appetithäppchen) serviert. Für die Tortilla braucht man mehrere gekochte Gemüse; auch Reste sind sehr gut geeignet.

Für 4 Personen

ZUTATEN

- 1 kg in dünne Scheiben geschnittene festkochende Kartoffeln
- 4 EL Pflanzenöl
- 1 in Ringe geschnittene Zwiebel
- 2 durchgepresste Knoblauchzehen
- 1 gewürfelte grüne Paprikaschote
- 2 entkernte und klein geschnittene Tomaten
- 1 - 2 EL gut abgetropfter Mais (aus der Dose)
- 6 große verquirlte frische Eier
- 2 EL gehackte Petersilie
- Salz
- Pfeffer (aus der Mühle)

1 Die Kartoffeln in kochendem Wasser 5 Minuten garen, abgießen und gut abtropfen lassen.

2 Das Öl erhitzen, Kartoffeln sowie Zwiebeln hinzufügen und unter ständigem Rühren etwa 5 Minuten behutsam anbraten, bis die Kartoffeln braun werden.

3 Knoblauch, Paprika, Tomaten sowie Mais hinzufügen und alles gut vermischen.

4 Die Eier dazugießen und die Petersilie hinzufügen. Mit Salz und Pfeffer kräftig würzen. Etwa 10 bis 12 Minuten in der Pfanne lassen, bis die Kartoffelbodenschicht gut durch ist.

5 Die Pfanne vom Herd nehmen und die Tortilla in einem vorgeheizten Grill auf mittlerer Stufe 5 bis 7 Minuten goldbraun werden lassen.

6 Die Tortilla tortenstückartig oder in Quadraten aufschneiden und zusammen mit Salat servieren. In Spanien werden Tortillas heiß, kalt oder lauwarm gegessen.

TIPP

Überzeugen Sie sich, dass der Griff Ihrer Pfanne hitzefest ist, bevor Sie sie in den Grill stellen, und verwenden Sie beim Herausnehmen immer einen Topflappen.

Paprikachips

Diese hauchdünnen Kartoffelchips schmecken besonders gut, wenn man sie auf einem Holzkohlengrill zubereitet und dazu pikantes Hühner- oder Schweinefleisch serviert.

Für 4 Personen

ZUTATEN

2 große Kartoffeln ohne Schale
3 EL kaltgepresstes Olivenöl
1/2 TL Paprikapulver
Salz

1 Mit einem scharfen Messer die Kartoffeln in sehr dünne Scheiben schneiden, sodass sie fast durchsichtig sind. Die Kartoffelscheiben auf Küchenpapier abtropfen lassen und trockentupfen.

2 Das Öl in einer großen Bratpfanne erhitzen und das Paprikapulver dazugeben; dabei ständig rühren, damit letzteres nicht festklebt und anbrennt.

3 Die Kartoffelscheiben in einer einzigen Schicht in die Pfanne legen und etwa 5 Minuten rösten, bis sie sich an den Rändern leicht zu wölben beginnen.

4 Die Kartoffelscheiben mit einem Schaumlöffel aus der Pfanne nehmen, auf Küchenpapier legen und das Öl gründlich abtropfen lassen.

5 Die Kartoffelscheiben auf mehrere hölzerne Schaschlikspieße stecken.

6 Die Kartoffelscheiben mit etwas Salz bestreuen und über einem Holzkohlengrill oder in einem Küchengrill 10 Minuten grillen, bis sie knusprig werden; dabei häufig umdrehen. Eventuell vor dem Servieren noch einmal mit Salz bestreuen.

VARIATION

Anstatt Paprikapulver können Sie auch Currypulver oder ein anderes Gewürz verwenden.

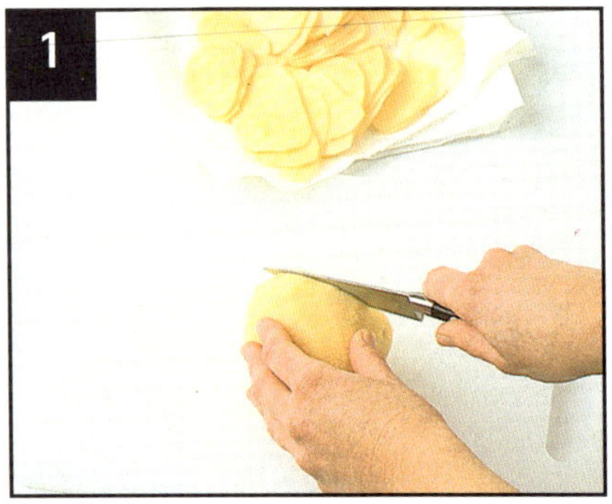

Gebackene Pilze mit pikanter Füllung

Diese im Ofen gebackenen Pilze werden mit einer cremigen Kartoffel-Pilz-Mischung gefüllt und mit Emmentaler überbacken.

Für 4 Personen

ZUTATEN

- 1 - 2 EL getrocknete Steinpilze
- 250 g gewürfelte mehligkochende Kartoffeln ohne Schale
- 2 EL weiche Butter
- 4 EL Crème fraîche
- 2 EL gehackter Schnittlauch
- Salz, Pfeffer (aus der Mühle)
- 2 EL geriebener Emmentaler
- 8 große Hutpilze mit tiefer Kappe (z. B. Parasol, Austernseitling)
- 150 ml Gemüsebrühe
- Schnittlauch zum Garnieren

1 Die Steinpilze 20 Minuten in Wasser einweichen.

2 Die Kartoffeln 10 Minuten weich kochen, abgießen und zu Brei stampfen.

3 Die Steinpilze abgießen, klein hacken und unter den Kartoffelbrei mischen.

4 Butter, Crème fraîche und Schnittlauch mischen, dazugeben und kräftig abschmecken.

5 Die Stiele von den Hutpilzen entfernen; die Kappen der Pilze sollten möglichst tief sein. Die Stiele hacken und zu der Kartoffel-Pilz-Mischung hinzufügen. Die Mischung mit einem Löffel in die Pilzkappen füllen, darauf den Käse streuen.

6 Die gefüllten Pilze in eine flache feuerfeste Auflaufform setzen und mit der Gemüsebrühe aufgießen. Die Auflaufform zudecken und in einem vorgeheizten Backofen bei 220 °C (Gas: Stufe 4) 20 Minuten dünsten. Den Deckel entfernen und weitere 5 Minuten backen, bis die Käsekruste goldbraun ist.

7 Die Pilze mit Schnittlauch garnieren und sofort servieren.

VARIATION

Wenn es Ihnen lieber ist, verwenden Sie frische Pilze anstatt der getrockneten, und rühren Sie eine Mischung aus gehackten Nüssen in die Pilzfüllung.

Kartoffelnudeln mit Käse und Schinken

Die regional als Schupfnudeln bekannten Nocken werden aus gekochten Kartoffeln zubereitet. Köstlich schmecken sie mit einer Schinken-Pilz-Sauce.

Für 4 Personen

ZUTATEN

500 g gewürfelte mehligkochende Kartoffeln ohne Schale
250 g Weizenmehl Type 405
1 frisches Ei
1 EL Milch
Salz, Pfeffer (aus der Mühle)
Petersilie zum Garnieren

FÜR DIE SAUCE:
1 EL Pflanzenöl
1 gehackte Zwiebel
1 durchgepresste Knoblauchzehe
150 g in Scheiben geschnittene Parasolpilze
3 klein geschnittene Scheiben Räucherschinken
2 EL geriebener Parmesan
300 g Crème fraîche
2 EL gehackte Petersilie

1 Die Kartoffeln 10 Minuten weich kochen, abgießen und zu Brei stampfen. Mehl, Ei und Milch unterrühren, mit Salz sowie Pfeffer würzen und das Ganze zu einem festen Teig verkneten.

2 Auf einer mit Mehl bestäubten Arbeitsfläche den Teig zu dünnen Rollen formen und in ca. 3 cm lange Stücke schneiden. Salzwasser zum Kochen bringen, die Nocken hineingeben und 3 bis 4 Minuten ziehen lassen. Wenn sie gar sind, steigen sie zur Oberfläche.

3 Für die Sauce das Öl erhitzen, darin Zwiebel und Knoblauch 2 Minuten behutsam anbraten. Pilze sowie Schinken hinzufügen und 5 Minuten anbräunen. Käse, Crème fraîche sowie Petersilie dazugeben und würzen. Die Nudeln abtropfen lassen und in eine vorgewärmte Pastaschüssel geben. Die Sauce mit einem Löffel darübergeben und alles zum Mischen etwas schütteln. Mit Petersilien garnieren und servieren.

TIPP

Sie können den Teig im Voraus zubereiten und bis zu 24 Stunden im Kühlschrank aufbewahren.

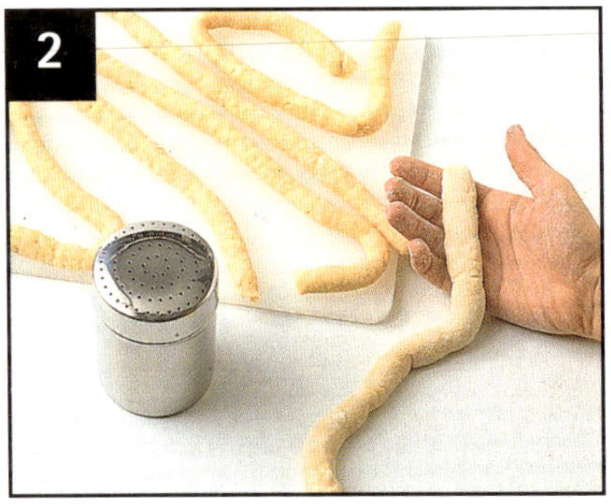

Kartoffel-Pilz-Auflauf

Für diesen aus mehreren Schichten bestehenden Auflauf kann man je nach Geschmack verschiedene gemischte Pilze verwenden.

Für 4 Personen

ZUTATEN

2 EL Butter
500 g in dünne Scheiben geschnittene Kartoffeln
150 g in Scheiben geschnittene gemischte Pilze
1 EL gehackter Rosmarin
4 EL gehackter Schnittlauch
2 durchgepresste Knoblauchzehen
150 g Crème fraîche
Salz
Pfeffer (aus der Mühle)
Schnittlauch zum Garnieren

1 Eine feuerfeste Auflaufform mit der Butter ausfetten.

2 Die Kartoffelscheiben 10 Minuten vorkochen, abgießen und gut abtropfen lassen. Den Boden der Form mit einem Viertel der Kartoffeln auslegen.

3 Ein Viertel der Pilze auf die Kartoffeln schichten und mit einem Viertel von Rosmarin, Schnittlauch und Knoblauch bestreuen.

4 In der gleichen Reihenfolge weitere Lagen in die Form schichten, mit einer Schicht Kartoffeln abschließen.

5 Crème fraîche über den Kartoffeln verteilen, alles gut würzen Den Auflauf im vorgeheizten Backofen bei 200 °C (Gas: Stufe 3) ca. 45 Minuten goldbraun backen. Mit frischem Schnittlauch garnieren und sofort servieren.

TIPP

Der Auflauf kann auch in einer ausgelegten Springform wie ein Kuchen gebacken werden.

VARIATION

Für einen intensiveren Geschmack nehmen Sie anstatt der frischen gemischten Pilze 50 g eingeweichte Trockenpilze.

Fladen mit würziger Kartoffelfüllung

Ursprünglich stammt dieses pikant gefüllte „Sandwich“ aus Indien, wo man als Beilage „Raitha“ isst, einen mit Gurken angemachten Joghurt.

Für 4 Personen

ZUTATEN

250 g gewaschene und gewürfelte festkochende Kartoffeln mit Schale
1 EL Pflanzenöl
1 gehackte Zwiebel
2 durchgepresste Knoblauchzehen
1 TL Kreuzkümmelpulver
1 TL Korianderpulver
1/2 TL Chilipulver
1 EL Tomatenmark
3 EL Gemüsebrühe
100 g junger Blattspinat
4 kleine oder 2 große Fladenbrote

FÜR DEN RAITHA:
150 g Naturjoghurt
100 g geschälte gewürfelte Salatgurke
1 EL gehackte Minze

1 Die Kartoffeln 10 Minuten weich kochen, abgießen und gründlich abtropfen lassen.

2 Das Öl erhitzen und darin die Zwiebel sowie den Knoblauch 3 Minuten unter Rühren anbräunen. Die Gewürze hinzufügen und alles weitere 2 Minuten erhitzen.

3 Kartoffeln, Tomatenmark, Gemüsebrühe und Spinat unterrühren. 5 Minuten braten, bis die Kartoffeln weich sind.

4 Die Fladen im vorgeheizten Backofen bei 150 °C (Gas: Stufe 1) 2 Minuten aufbacken.

5 Für den Raitha Joghurt, Gurke und Minze in einer kleinen Schüssel verrühren.

6 Die Fladen aus dem Backofen nehmen. Mit einem scharfen Messer eine Tasche in die Seite eines jeden Fladens schneiden. In diese Taschen die würzige Kartoffelmischung füllen.

7 Die noch warmen Fladen zusammen mit dem Raitha-Joghurt sofort servieren.

TIPP

Damit Raitha einen intensiveren Geschmack erhält, ihn schon vorher zubereiten und bis zum Servieren in den Kühlschrank stellen.

3

6

6

Kartoffel-Spinat-Ecken

Diese Appetithappen aus knusprigem Blätterteig werden mit einer Mischung aus Spinat und Kartoffeln gefüllt sowie mit Chili abgeschmeckt. Dazu reicht man Zitronenmayonnaise.

Für 3 Personen

ZUTATEN

etwas weiche Butter zum Ausfetten
250 g in kleine Würfel geschnittene festkochende Kartoffeln
500 g junger Blattspinat
1 entkernte und klein geschnittene Tomate
1 Msp. Chilipulver
1/2 TL Zitronensaft
Salz
Pfeffer (aus der Mühle)
6 Blätter (300 g) aufgetauter TK-Blätterteig
2 EL zerlassene Butter

FÜR DIE MAYONNAISE:
150 g Mayonnaise
2 TL Zitronensaft
Schale von 1 unbehandelten Zitrone

1 Ein Backblech leicht mit weicher Butter ausfetten.

2 Die Kartoffeln in kochendem Wasser 10 Minuten garen, bis sie durch sind. Abgießen, gut abtropfen lassen und in eine Schüssel geben.

3 Inzwischen den Spinat in einen Topf zusammen mit 2 Esslöffeln Wasser geben und zugedeckt bei geringer Hitze 2 Minuten kochen, bis er sich kräuselt. Den Spinat abgießen, gut ausdrücken und zu den Kartoffeln geben.

4 Tomate, Chili und Zitronensaft einrühren und mit Salz sowie Pfeffer würzen.

5 Blätterteigscheiben leicht mit Butter bestreichen. 3 Blätter ausbreiten und die restlichen 3 jeweils darauf legen. Alles in 20 x 10 cm große Rechtecke schneiden.

6 Einen Löffel der Kartoffel-Spinat-Mischung jeweils auf ein Ende des Vierecks setzen. Eine Ecke des Teigs über die Füllung falten, das spitze Ende wieder über den Teigstreifen und dann den Rest des Teigs über das Ganze falten, sodass sich eine Dreiecksform ergibt.

7 Die Dreiecke auf das Backblech legen und in einem vorgeheizten Backofen bei 200 °C (Gas: Stufe 3) ca. 20 Minuten backen, bis sie goldbraun sind.

8 Mayonnaise, Zitronensaft und Zitronenschale in einer kleinen Schüssel verrühren. Die Kartoffel-Spinat-Ecken warm oder kalt servieren. Dazu die Zitronenmayonnaise und einen grünen Salat reichen.

5

6

6

Kartoffeln als Beilage

Ob gekocht oder frittiert: Kartoffeln werden häufig als Beilage zu Fleisch, Fisch und Gemüse serviert. Weil man sie auf die unterschiedlichsten Arten zubereiten kann, lassen sie sich auch ideal mit anderen Zutaten kombinieren. Wie vielseitig Kartoffelgerichte in dieser Hinsicht sind, beweist das hier folgende Kapitel.

Man kann Kartoffeln kochen, dämpfen, braten, rösten, frittieren, backen, reiben oder zu Brei stampfen. Es finden sich hier nicht nur exotische Rezepte, so unter anderem für Kandierte Süßkartoffeln, Spanische Kartoffeln oder eine Thailändische Kartoffelpfanne, sondern auch Klassiker wie Kartoffelgratin und würzige Pommes frites oder altbekannte Beilagen in neuartigen Variationen und Verfeinerungen wie beispielsweise Röstkartoffeln mit Chili oder Kartoffelbrei mit Semmelbröseln.
Der Vielfalt bei der Zubereitung von Kartoffeln sind keine Grenzen gesetzt!

Colcannon

Zu diesem tradtionellen irischen Gericht reicht man für gewöhnlich ein Stück Speck; es schmeckt aber genauso gut zu Huhn oder Fisch.

Für 4 Personen

ZUTATEN

250 g klein geschnittener Grünkohl
100 ml Milch
250 g gewürfelte mehligkochende Kartoffeln ohne Schale
1 große, klein gehackte Stange Lauch
1 Prise geriebene Muskatnuss
1 EL zerlassene Butter
Salz
Pfeffer (aus der Mühle)

1 Den Kohl in kochendem, leicht gesalzenem Wasser etwa 7 bis 10 Minuten garen, abgießen, gründlich ausdrücken und beiseite stellen.

2 Die Milch zum Kochen bringen, die Kartoffelwürfel sowie den Lauch dazugeben, die Hitze reduzieren und alles etwa 15 bis 20 Minuten köcheln lassen, bis es weich ist.

3 Muskat einrühren, Kartoffeln und Lauch zu Brei stampfen.

4 Den Kohl unter den Kartoffelbrei mischen.

5 Den Kartoffelbrei in eine Schüssel füllen und in die Mitte mit dem Löffelrücken eine Mulde drücken.

6 Die zerlassene heiße Butter in die Mulde gießen und das Gericht sofort servieren.

TIPP

Da Kohl wegen seiner verschiedenen Sorten fast immer saisonfrisch vom Handel angeboten wird, lässt sich dieses köstliche Mahl abwechslungsreich das ganze Jahr über zubereiten.

VARIATION

Für einen kräftigeren Geschmack geben Sie zum Lauch und Kohl etwas gebratenen Speck dazu.

Kandierte Süßkartoffeln

Ein Hauch von Karibik zeichnet dieses Gericht aus, für das man Süßkartoffeln mit Zucker und Limonen sowie mit einem Schuss Weinbrand zubereitet.

Für 4 Personen

ZUTATEN

700 g in Scheiben geschnittene Süßkartoffeln ohne Schale
3 EL Butter
1 EL Limonensaft
100 g feiner dunkelbrauner Zucker
1 EL Weinbrand
abgeriebene Schale von 1 unbehandelten Limone
Limonenspalten zum Garnieren

1 Die Süßkartoffeln 5 Minuten kochen (durch Anstechen überprüfen, ob sie gar sind), mit einem Schaumlöffel herausnehmen und gründlich abtropfen lassen.

2 Die Butter in einer großen Bratpfanne zerlassen, Limonensaft und Zucker hinzufügen. Vorsichtig die Hitzezufuhr erhöhen, sodass der Zucker schmilzt.

3 Süßkartoffeln und Weinbrand zur Mischung aus Zucker sowie Limonensaft geben und alles bei geringer Hitze 10 Minuten kochen, bis die Kartoffelscheiben gar sind.

4 Abgeriebene Limonenschale über die Süßkartoffeln streuen und alles gut mischen.

5 Die kandierten Süßkartoffeln auf einer Servierplatte anrichten, mit den Limonenspalten garnieren und sofort servieren.

VARIATION 1

Sie können dieses Gericht statt mit Süßkartoffeln auch mit festkochenden anderen Kartoffeln zubereiten. Diese gleich zu Anfang in Schritt 1 anstatt 5 etwa 10 Minuten kochen.

VARIATION 2

Als Kontrast zu dem süßen Geschmack der Kartoffeln können Sie würziges Fleisch servieren.

TIPP

Süßkartoffeln haben eine leicht rosafarbene Schale und weißes bzw. gelbes oder orangefarbenes Fleisch. Jede Sorte ist geeignet.

Bratkartoffeln mit roten Zwiebeln

Bratkartoffeln kann man würziger zubereiten, indem man sie vorkocht, in Butter schwenkt und zusammen mit Zwiebeln, Knoblauch und Kräutern leicht anbrät.

Für 4 Personen

ZUTATEN

1 kg gewürfelte festkochende Kartoffeln ohne Schale
125 g Butter
1 in Achtel geteilte rote Zwiebel
2 durchgepresste Knoblauchzehen
1 TL Zitronensaft
2 EL gehackter Thymian
Salz
Pfeffer (aus der Mühle)

1 Die Kartoffeln in kochendem Wasser 10 Minuten garen, abgießen und gründlich abtropfen lassen.

2 Die Butter in einer großen schweren Bratpfanne zerlassen, Zwiebel, Knoblauch und Zitronensaft hinzufügen, unter Rühren 2 bis 3 Minuten dünsten.

3 Die Kartoffeln in die Pfanne geben und gut durchmischen, sodass sie völlig von der Buttermischung überzogen sind.

4 Die Hitze reduzieren, die Pfanne zudecken und die Kartoffeln weitere 20 bis 25 Minuten braten, bis sie goldbraun und mürbe sind.

5 Den Thymian über die Kartoffeln streuen, mit Salz und Pfeffer würzen. Die Bratkartoffeln als Beilage zu gegrilltem Fleisch oder Fisch servieren.

TIPP 1

Wenden Sie die Kartoffeln während des Bratens immer wieder, und überprüfen Sie ständig, ob sie auch nicht anbrennen oder am Boden der Pfanne kleben bleiben.

TIPP 2

Zwiebeln werden für viele Gerichte verwendet, denen sie einen markanten Geschmack verleihen. Dunkelrote Zwiebeln haben ein mildes, leicht süßliches Aroma und sehen sehr einladend aus. Wegen ihres milden Geschmacks kann man sie ebenso gut roh für Salate nehmen.

Karamellisierte neue Kartoffeln

Diese Kartoffeln serviert man als Beilage zu gekochtem Schweinefleisch oder Geflügel, da sie wegen ihres süßen Geschmacks einen guten Kontrast dazu bilden.

Für 4 Personen

ZUTATEN

700 g gründlich gewaschene neue Kartoffeln mit Schale
4 EL feiner dunkelbrauner Zucker
60 g Butter
1 EL Orangensaft
1 EL gehackte Petersilie oder gehackter Koriander
Salz
Pfeffer (aus der Mühle)
unbehandelte Orangenschalen zum Garnieren

1 Die Kartoffeln 10 Minuten fast weich kochen, abgießen und gründlich abtropfen lassen.

2 Den Zucker in einer Pfanne bei geringer Hitze unter Rühren schmelzen.

3 Die Butter und den Orangensaft in die Pfanne geben; während die Butter schmilzt, ständig umrühren.

4 Die Kartoffeln zur Orangen-Butter-Mischung geben und darin braten; dabei die Kartoffeln häufig wenden, bis sie völlig karamellisiert sind.

5 Petersilie oder Koriander über die Kartoffeln streuen und nach Geschmack mit Salz sowie Pfeffer würzen.

6 Die karamellisierten neuen Kartoffeln auf einer Platte anrichten, mit Orangenschalen garnieren und sofort servieren.

TIPP

Erhitzen Sie den Zucker und die Butter unter ständigem Rühren, damit die Mischung nicht am Boden der Pfanne kleben bleibt oder anbrennt.

VARIATION

Man kann auch Zitronen- oder Limonensaft anstatt des Orangensaftes nehmen und alles mit Zitronen- und Limonenschalen garnieren.

Spanische Kartoffeln

Diese speziell zubereiteten Kartoffeln serviert man in Spanien häufig zu Tapas. Sie schmecken auch ausgezeichnet zu Salat oder zu gegrilltem Fleisch.

Für 4 Personen

ZUTATEN

- 2 EL kaltgepresstes Olivenöl
- 500 g kleine gründlich gewaschene und halbierte neue Kartoffeln
- 1 halbierte und in Ringe geschnittene Zwiebel
- 1 in Streifen geschnittene grüne Paprikaschote
- 1 TL Chilipulver
- 1 TL mittelscharfer und mit etwas Wasser angerührter Senf
- 300 g pürierte Tomaten
- 300 ml Gemüsebrühe
- Salz
- Pfeffer (aus der Mühle)
- gehackte Petersilie zum Garnieren

1 Das Olivenöl in einer großen Bratpfanne erhitzen, die Kartoffeln sowie die Zwiebelringe hineingeben und unter häufigem Wenden etwa 4 bis 5 Minuten anbraten, bis die Zwiebelringe weich werden.

2 Paprika, Chili und Senf in die Pfanne geben und das Ganze weitere 2 bis 3 Minuten braten.

3 Tomatenpüree und Gemüsebrühe in die Pfanne rühren und alles zum Kochen bringen. Die Hitze reduzieren und die Mischung 25 Minuten garen, bis die Kartoffeln weich sind.

4 Die Kartoffeln in eine Servierschüssel füllen. Die Petersilie darüber streuen und alles heiß servieren. Man kann die spanischen Kartoffeln auch auskühlen lassen und kalt servieren.

TIPP 1

In Spanien kredenzt man zu Tapas ein Glas gekühlten Sherry oder einen anderen Aperitif.

TIPP 2

Die Vielzahl von kleinen Appetithäppchen, die als Tapas bekannt sind, stellen in Spanien gewissermaßen eine traditionelle soziale Institution dar. Die Spanier besuchen an einem Abend oft mehrere Bars und verzehren dabei allerlei Köstlichkeiten zu ihren Drinks.

Indische Kartoffeln mit Spinat

Kartoffeln werden in der indischen Küche häufig verwendet. Dabei bevorzugt man verschiedene würzig zubereitete Arten.

Für 4 Personen

ZUTATEN

1/2 TL Koriandersamen
1 TL Kreuzkümmelsamen
4 EL Pflanzenöl
2 Kardamomschoten
1 Stück (1 cm lang) geriebene Ingwerwurzel
1 gehackte rote Chilischote
1 gehackte Zwiebel
2 durchgepresste Knoblauchzehen
500 g halbierte und gründlich gewaschene neue Kartoffeln
150 ml Gemüsebrühe
700 g gewaschener und verlesener Blattspinat
100 g Naturjoghurt
Salz
Pfeffer (aus der Mühle)

1 Die Koriander- und Kreuzkümmelsamen in einem Mörser zerstoßen.

2 Das Öl in einer Pfanne erhitzen. Koriander und Kreuzkümmel zusammen mit Kardamomschoten und Ingwer hinzufügen und alles etwa 2 Minuten bräunen.

3 Chili, Zwiebel und Knoblauch dazugeben und alles weitere 2 Minuten unter häufigem Rühren dünsten.

4 Die Kartoffeln zusammen mit der Gemüsebrühe in die Pfanne geben und 30 Minuten unter ständigem Rühren behutsam garen, bis sie durch sind.

5 Den Spinat in die Pfanne geben und alles nochmals 5 Minuten garen lassen.

6 Die Pfanne vom Herd nehmen und den Joghurt unterrühren. Mit Salz und Pfeffer würzen. Das Gericht in eine Schüssel geben und servieren.

VARIATION

Wenn Sie wollen, können Sie auch TK-Blattspinat verwenden. In diesem Fall den Spinat auftauen und gut abtropfen lassen, bevor Sie ihn garen.

TIPP

Die würzigen Kartoffeln schmecken hervorragend zu Currygerichten.

Kartoffeln mit Pilzen und Schalotten

Diese in Rotwein geschmorten Kartoffeln serviert man am besten zur Abrundung des Geschmacks zu dunklen Fleischsorten wie etwa Rind oder Wild.

Für 4 Personen

ZUTATEN

125 g Butter
500 g gründlich gewaschene und halbierte neue Kartoffeln
200 ml Rotwein
100 ml Rinderbrühe
8 halbierte Schalotten
Salz
Pfeffer (aus der Mühle)
150 g Austernpilze
1 EL gehackter Salbei oder Koriander
Salbeiblätter oder Korianderzweige zum Garnieren

1 Die Butter in einer Bratpfanne zerlassen und die halbierten Kartoffeln dazugeben. 5 Minuten unter ständigem Rühren anbraten.

2 Rotwein, Gemüsebrühe und Schalotten hinzufügen, nach Geschmack mit Salz sowie Pfeffer würzen und dann alles 30 Minuten köcheln lassen.

3 Pilze und Salbei bzw. Koriander dazugeben und alles weitere 5 Minuten garen.

4 Alles in einer Schüssel oder in einem großen Teller anrichten, mit Salbeiblättern oder Korianderzweigen garnieren und sofort servieren.

TIPP

Austernpilze können grau, gelb oder rot sein. Sie sind von weicher Konsistenz und haben einen milden Geschmack. Beim Garen schrumpfen sie auf etwa die Hälfte ihrer ursprünglichen Größe. Damit sie noch Biss haben, sollte man sie erst am Schluss dazugeben.

VARIATION

Wenn es keine Austernpilze gibt, können Sie auch andere Pilze, etwa Steinpilze oder Maronen, verwenden.

Ingwerkartoffeln

Eine einfache würzige Beilage, die besonders gut zu gegrilltem Fleisch oder Fisch passt. Die Cashewnüsse und der Sellerie machen die Kartoffeln besonders knackig.

Für 4 Personen

ZUTATEN

700 g gewürfelte mehligkochende Kartoffeln ohne Schale
2 EL Pflanzenöl
1 Stück (5 cm lang) geriebene Ingwerwurzel
1 gehackte grüne Chilischote
1 klein geschnittenes Stück Staudensellerie
1 - 2 EL Cashewnüsse
einige Safranfäden
60 g Butter
Sellerieblätter zum Garnieren

1 Die Kartoffeln 10 Minuten kochen, abgießen und gründlich abtropfen lassen.

2 Das Öl in einer großen Pfanne erhitzen, die Kartoffeln hineingeben und unter ständigem Rühren 3 bis 4 Minuten anbraten.

3 Ingwer, Chili, Sellerie und Cashewnüsse hinzufügen und alles 1 Minute andünsten.

4 Inzwischen 3 EL kochendes Wasser auf die Safranfäden gießen, quellen lassen.

5 Die Butter in die Pfanne geben und den Safran unterrühren. Alles behutsam 10 Minuten braten, bis die Kartoffeln weich sind.

6 Die Ingwerkartoffeln mit den Sellerieblättern garnieren und sofort servieren.

TIPP

Verwenden Sie eine beschichtete Pfanne, da die Kartoffelmischung ziemlich trocken ist und sonst leicht kleben bleibt.

VARIATION

Wenn Sie weniger scharfe Kartoffeln bevorzugen, lassen Sie die grüne Chilischote einfach weg.

3

4

5

Thailändische Kartoffelpfanne

Diese Kartoffeln zeichnen sich durch ihren typischen süßsauren Geschmack aus. Sie erhalten durch Kokusnussmilch und Zitronengras einen besonderen Touch.

Für 4 Personen

ZUTATEN

4 grob gewürfelte festkochende Kartoffeln ohne Schale
2 EL Pflanzenöl
je 1 in Würfel geschnittene gelbe und rote Paprikaschote
1 in Stifte geschnittene Möhre
1 in Stifte geschnittener Zucchini
2 durchgepresste Knoblauchzehen
1 in Scheiben geschnittene rote Chilischote
1 Bund Frühlingszwiebeln oder Schalotten (der Länge nach halbiert)
8 EL Kokosnussmilch
1 TL gehacktes Zitronengras
2 TL Limonensaft
abgeriebene Schale von 1 unbehandelten Limone
1 EL gehackter Koriander

1 Die Kartoffeln in kochendem Wasser 5 Minuten garen, abgießen und gut abtropfen lassen.

2 Das Öl im Wok oder in einer großen Bratpfanne erhitzen. Darin Kartoffeln, Paprika, Möhre, Zucchini, Knoblauch und Chili unter Rühren 2 bis 3 Minuten kurz anbraten.

3 Frühlingszwiebeln, Kokosnussmilch, Zitronengras und Limonensaft unterrühren und die Mischung weitere 5 Minuten unter Rühren schmoren.

4 Limonenschale und Koriander darüber geben und alles 1 Minute erhitzen. Heiß servieren.

TIPP

Achten sie darauf, dass die Kartoffeln in Schritt 1 nicht zu stark gekocht werden, da sie sonst beim Braten im Wok zerfallen.

VARIATION

Fast jede Kombination von Gemüsesorten eignet sich für diese Kartoffelpfanne; Paprika kann man zum Beispiel durch knackige grüne Bohnen oder Zuckerschoten ersetzen.

Kartoffeltaler mit Käse

Die goldbraunen Kartoffeltaler, mit Semmelbröseln und Käse überzogen, kann man als eigenständigen Snack verzehren oder als Beilage zu einer Fischmahlzeit servieren.

Für 4 Personen

ZUTATEN

3 große, in dicke Scheiben geschnittene festkochende Kartoffeln mit Schale
16 EL frische Semmelbrösel
8 EL geriebener Parmesan
1 1/2 TL Chilipulver
2 verquirlte frische Eier
Öl zum Frittieren
wahlweise Chilipulver zum Bestäuben

1 Die Kartoffelscheiben in kochendem Wasser 10 bis 15 Minuten garen, bis sie weich sind, abgießen und gründlich abtropfen lassen.

2 Semmelbrösel, Käse und Chili vermischen und in einen flachen Teller geben. Die Eimasse in einen anderen Teller füllen.

3 Die Kartoffelscheiben in die Eimasse tunken und dann in den Semmelbröseln wälzen, bis sie ganz damit überzogen sind.

4 Das Öl in einem großen Topf oder in der Fritteuse auf 180 bis 190 °C erhitzen. Die Taler in mehreren Portionen 4 bis 5 Minuten frittieren, bis sie goldbraun sind.

5 Die Taler mit einem Schaumlöffel herausnehmen, auf Küchenpapier abtropfen lassen und warm halten, während die nächsten ausgebacken werden.

6 Die Kartoffeltaler auf vorgewärmten Tellern anrichten, eventuell mit Chili bestäuben und sofort servieren.

VARIATION

Wenn die Kartoffeltaler vollwertig sein sollen, verwenden Sie einfach anstatt der gewöhnlichen Semmelbrösel solche aus Vollkornbrot.

TIPP

Man kann die Kartoffeltaler mit der Bröselmischung überziehen und sie dann bis zum Frittieren im Kühlschrank aufbewahren.

Grillkartoffeln mit Mayonnaise

Diese Kartoffeln eignen sich besonders gut als Beilage zu gegrilltem Fleisch oder Fisch. Dazu reicht man als Dressing Limonenmayonnaise.

Für 4 Personen

ZUTATEN

500 g gründlich gewaschene Kartoffeln mit Schale
3 EL zerlassene Butter
2 EL gehackter Thymian
Salz, Pfeffer (aus der Mühle)
Paprikapulver zum Bestäuben

FÜR DIE LIMONEN-MAYONNAISE:
150 g Mayonnaise
2 TL Limonensaft
abgeriebene Schale von 1 unbehandelten Limone
1 durchgepresste Knoblauchzehe
1 Prise Paprikapulver

1 Die Kartoffeln in etwa 1 cm dicke Scheiben schneiden.

2 Die Kartoffeln ca. 7 Minuten kochen (sie sollten fest bleiben), mit einem Schaumlöffel herausnehmen und abtropfen lassen.

3 Ein Backblech mit Alufolie auslegen und die Kartoffelscheiben darauf legen.

4 Die Kartoffeln mit der zerlassenen Butter bepinseln und den Thymian darüber streuen. Mit Salz und Pfeffer würzen.

5 Die Kartoffeln im vorgeheizten Backofen auf mittlerer Stufe 10 Minuten backen; dabei einmal wenden.

6 Inzwischen die Limonenmayonnaise zubereiten. Dazu Mayonnaise, Limonensaft und -schale, Knoblauch, Paprikapulver sowie Salz und Pfeffer gründlich mischen.

7 Die heißen Kartoffelscheiben mit etwas Paprikapulver bestäuben und zusammen mit der Limonenmayonnaise servieren.

TIPP

Noch attraktiver ist es, wenn Sie die Kartoffelscheiben auf Spieße stecken und sie auf dem Holzkohlengrill rösten.

TIPP

Man kann die Limonenmayonnaise auch auf die gegrillten Kartoffelscheiben geben und alles fertig servieren.

Dreischichtiges Kartoffelpüree

Die Mini-Hamburger aus unterschiedlichen Kartoffelpüreeschichten sehen sehr schön aus und passen ausgezeichnet zu Fisch oder Braten.

Für 4 Personen

ZUTATEN

300 g klein geschnittene mehligkochende Kartoffeln
150 g gehackte Kohlrübe (Steckrübe)
1 gehackte Möhre
500 g Blattspinat
1 EL Milch
1 EL Butter
1 EL Weizenmehl Type 405
1 frisches Ei
1/2 TL Zimtpulver
Salz
Pfeffer (aus der Mühle)
1 EL Orangensaft
1 Prise gemahlene Muskatnuss
Möhrenstifte zum Garnieren

1 4 feuerfeste Förmchen (etwa 150 ml) leicht ausfetten.

2 Die Kartoffeln 10 Minuten weich kochen. Kohlrübe und Möhre 10 Minuten garen. Den Spinat in kochendem Wasser 5 Minuten blanchieren.

3 Milch sowie Butter zu den Kartoffeln geben und zu Brei stampfen. Mehl und Ei einrühren.

4 Die Kartoffelmischung in 3 gleiche Portionen teilen und in 3 verschiedene Schüsseln geben. Die Kohlrübe in eine der Schüsseln geben, die Möhre in die zweite und den Spinat in die dritte Schüssel geben und jeweils alles gut vermischen.

5 Den Zimt zur Kohlrüben-Kartoffel-Mischung geben und mit Salz sowie Pfeffer abschmecken. Den Orangensaft unter die Kartoffel-Möhren-, den Muskat in die Spinat-Kartoffel-Mischung rühren.

6 Mit einem Löffel eine Schicht der Kohlrüben-Kartoffel-Mischung in jedes Förmchen geben und die Oberfläche glatt streichen. Darauf jeweils eine Schicht der Spinat-Kartoffel-Mischung geben, auf diese wiederum eine Schicht der Möhren-Kartoffel-Mischung. Die Formen mit Folie abdecken und in einen Bräter setzen. Diesen halb mit kochendem Wasser füllen und alles im vorgeheizten Backofen bei 180 °C (Gas: Stufe 2) etwa 40 Minuten backen.

7 Die Förmchen auf eine Vorlegeplatte stürzen, mit Möhrenstiften garnieren und sofort servieren.

Würzige Pommes frites

Diese hausgemachten Pommes frites werden kräftig gewürzt und im Ofen gebacken. Sie passen gut zu Hamburgern oder Steaks.

Für 4 Personen

ZUTATEN

4 große festkochende Kartoffeln ohne Schale
2 Süßkartoffeln
4 EL zerlassene Butter
1/2 TL Chilipulver
1 TL Garam Masala (indische Gewürzmischung aus dem Asienladen)
Salz

1 Kartoffeln sowie Süßkartoffeln schälen und zuerst in Scheiben von etwa 1 cm Dicke, diese dann in Schnitze schneiden

2 Die Kartoffelschnitze in eine Schüssel mit kaltem Salzwasser geben und 20 Minuten durchziehen lassen.

3 Die Kartoffelschnitze mit einem Schaumlöffel herausnehmen und gründlich abtropfen lassen. Mit Küchenpapier gut trockentupfen.

4 Eine Backform mit der Butter bestreichen und mit Chili sowie Garam Masala bestreuen. Dann die Kartoffelschnitze so lange darin wenden, bis sie alle mit den Gewürzen überzogen sind.

5 Die Kartoffelschnitze im vorgeheizten Backofen bei 200 °C (Gas: Stufe 3) ca. 40 Minuten rösten, bis sie schön braun und knusprig sind; dabei häufig wenden. Die Pommes frites auf Küchenpapier legen und abtropfen lassen, dann gleich servieren.

VARIATION

Wer es noch würziger mag, bestreut die Pommes mit Fenchel- oder Kreuzkümmelsamen.

TIPP

Wenn man die Kartoffeln vor dem Rösten mit kaltem Wasser abspült, entfernt man die Stärke und verhindert, dass die Pommes zusammenkleben. Taucht man sie in Salzwasser, werden sie knuspriger.

1

3

4

Italienischer Kartoffeltopf

Für diese im Ofen gebackenen Kartoffelspalten verwendet man klassische Pizza-Zutaten. Die Beilage schmeckt besonders gut zu Schwein oder Lamm.

Für 4 Personen

ZUTATEN

2 große, gründlich gewaschene festkochende Kartoffeln mit Schale
4 große, enthäutete und entkernte Tomaten
150 ml Gemüsebrühe
2 EL Tomatenmark
1 in Streifen geschnittene gelbe Paprikaschote
150 g in Viertel geteilte Champignons
1 EL gehacktes Basilikum
Salz
Pfeffer (aus der Mühle)
50 g geriebener Käse

1 Jede Kartoffel in 8 gleich große Spalten schneiden. Diese in kochendem Wasser 15 Minuten garen, abgießen, abtropfen lassen und in eine flache feuerfeste Form geben.

2 Die Tomaten klein schneiden und in die Form geben. Gemüsebrühe mit Tomatenmark mischen und dann über die Kartoffeln bzw. Tomaten geben.

3 Paprikastreifen, Champignons und Basilikum hinzufügen. Mit Salz und Pfeffer gut würzen.

4 Den geriebenen Käse über das Ganze streuen und alles im vorgeheizten Backofen bei 200 °C (Gas: Stufe 3) etwa 15 bis 20 Minuten backen, bis die Kruste goldbraun ist. Sofort servieren.

TIPP 1

Für die Kruste können Sie jeden Käse verwenden, der gut schmilzt, etwa Mozzarella, den klassischen Pizzakäse, oder auch die Käse aus der Schweiz wie Gruyère oder Emmentaler.

TIPP 2

Die Kartoffelspalten kann man auch als leichtes Abendessen zusammen mit knusprigem frischem Weißbrot servieren.

Safrankartoffeln mit Senf

Safran wird aus der Blüte einer bestimmten Krokusart gewonnen. Er ist sehr teuer, aber man braucht nur wenig davon, um ein ganzes Gericht zu würzen.

Für 4 Personen

ZUTATEN

1 TL Safranfäden
700 g in Viertel oder Achtel geteilte festkochende Kartoffeln mit Schale
1 in Achtel geteilte rote Zwiebel
2 durchgepresste Knoblauchzehen
1 EL Weißweinessig
2 EL kaltgepresstes Olivenöl
1 EL Dijon-Senf
5 EL Gemüsebrühe
5 EL trockener Weißwein
2 TL gehackter Rosmarin
Salz, Pfeffer (aus der Mühle)

1 Safranfäden in eine kleine Schüssel geben und 6 EL kochendes Wasser darüber gießen. 10 Minuten durchziehen lassen.

2 Die gründlich gewaschenen Kartoffeln zusammen mit Zwiebelspalten und Knoblauch in einen Bräter geben.

3 Essig, Öl, Senf, Gemüsebrühe, Weißwein, Rosmarin und Safranwasser zu den Kartoffeln und Zwiebeln in den Bräter geben. Nach Geschmack mit Salz und Pfeffer würzen.

4 Den Bräter mit Alufolie abdecken und alles im vorgeheizten Backofen bei 200 °C (Gas: Stufe 3) 30 Minuten backen.

5 Die Folie entfernen und die Kartoffeln weitere 10 Minuten überbacken, bis sie knusprig braun und durch sind. Heiß servieren.

VARIATION

Sie können auch nur Wein zum Aromatisieren verwenden und die Gemüsebrühe weglassen.

TIPP

Man kann zur Gelbfärbung statt Safran auch Kurkuma nehmen, doch wegen seines nussigen Geschmacks sollte man doch beim Safran bleiben.

2

3

5

Röstkartoffeln mit Chili

Bei dieser pikanten Variante gewöhnlicher Röstkartoffeln werden kleine neue Kartoffeln ungeschält gekocht, bevor man sie mit Chili bestreut und bäckt.

Für 4 Personen

ZUTATEN

500 g gründlich gewaschene kleine neue Kartoffeln mit Schale
100 ml Pflanzenöl
1 TL Chilipulver
1/2 TL Kümmelsamen
1 TL Salz
1 EL zerrupfte Basilikumblättchen

1 Die Kartoffeln in kochendem Wasser 10 Minuten garen, abgießen und gründlich abtropfen lassen.

2 So viel Öl auf ein Backblech streichen, dass der Boden vollständig bedeckt ist, und dieses im vorgeheizten Backofen bei 200 °C (Gas: Stufe 3) etwa 10 Minuten erhitzen. Die Kartoffeln darauf geben und mit dem heißen Öl bepinseln.

3 Chili, Kümmelsamen und Salz mischen. Diese Mischung über die Kartoffeln streuen und sie dabei mehrmals wenden, sodass sie völlig damit überzogen sind.

4 Das übrige Öl auf das Backblech geben und die Kartoffeln im Ofen 15 Minuten überbacken, bis sie gar sind.

5 Mit einem Schaumlöffel die Kartoffeln aus dem Öl heben und auf eine vorgewärmte Servierplatte bzw. einen warmen Bräter geben. Basilikum darüber verteilen und heiß servieren.

VARIATION

Sie können den Geschmack mit anderen Gewürzen wie Curry- oder Paprikapulver variieren.

TIPP

Die pikanten Kartoffeln passen sehr gut zu gebratenem oder gegrilltem Lamm, Schwein oder Huhn.

Parmesankartoffeln

Dieses überaus einfache Rezept zeigt, wie man Röstkartoffeln problemlos etwas „aufpeppen" kann. Sie passen hervorragend zu Fleisch oder Fisch.

Für 4 Personen

ZUTATEN

6 größere Kartoffeln ohne Schale
50 g geriebener Parmesan
1 Prise geriebene Muskatnuss
1 EL gehackte Petersilie
4 in Streifen geschnittene Scheiben Räucherspeck
Öl für das Blech
Salz

1 Die Kartoffeln der Länge nach halbieren, 10 Minuten kochen, abgießen und gründlich abtropfen lassen.

2 Parmesan, Muskatnuss und gehackte Petersilie mischen.

3 Die halbierten Kartoffeln in der Käsemischung wälzen, sodass sie vollständig damit überzogen sind.

4 Etwas Öl auf ein Blech geben und im vorgeheizten Backofen bei 200 °C (Gas: Stufe 3) 10 Minuten erhitzen. Blech herausnehmen, die Kartoffeln hineingeben und im Backofen 30 Minuten backen; dabei einmal wenden.

5 Das Blech aus dem Backofen nehmen und die Kartoffeln mit dem Speck belegen. Dann nochmals etwa 15 Minuten in den Ofen stellen, bis die Kartoffeln und der Speck kross sind. Das Fett abtropfen lassen und servieren.

TIPP

Anstatt des würzigen Parmesan würde zu diesen Kartoffeln auch jeder andere fein geriebene Hartkäse passen.

VARIATION

Den Speck kann man durch einige Scheiben Salami oder Schinken ersetzen, die man die letzten 5 Minuten hinzufügt.

Kartoffelgratin

Für diese klassische Zubereitungsart benötigt man dünne Kartoffelscheiben, süße Sahne, Knoblauch, Zwiebeln und Käse. Kartoffelgratin passt zu Fleisch oder Fisch.

Für 4 Personen

ZUTATEN

1 EL Butter
700 g in Scheiben geschnittene festkochende Kartoffeln
2 durchgepresste Knoblauchzehen
1 in Ringe geschnittene rote Zwiebel
100 g geriebener Greyerzer (Gruyère)
Salz
Pfeffer (aus der Mühle)
300 g Crème fraîche

1 Eine feuerfeste Auflaufform von etwa 1 Liter Fassungsvermögen mit etwas Butter ausfetten.

2 Den Boden der gefetteten Form mit einer Schicht Kartoffelscheiben bedecken.

3 Auf die Kartoffelscheiben etwas Knoblauch, einige Zwiebelringe und etwas Greyerzer geben. Nach Geschmack mit Salz und Pfeffer würzen.

4 Die Schichten in der gleichen Reihenfolge wiederholen; mit einer Schicht Kartoffeln abschließen und darauf Käse streuen.

5 Die Crème fraîche darüber gießen und das Ganze im vorgeheizten Backofen bei 180 °C (Gas: Stufe 2) etwa 90 Minuten backen, bis die Kruste braun und knusprig ist. Sofort servieren.

TIPP

Es gibt verschiedene Versionen dieses klassischen Rezepts, aber jede sieht Crème fraîche vor, weshalb sie allesamt nicht kalorienarm sind. Man sollte das Gratin immer in einer feuerfesten Form backen, um so eine dicke, knusprige Kruste zu erhalten.

VARIATION

Fügen Sie eine Schicht Speck- oder Schinkenwürfel hinzu, und servieren Sie das Gratin als Hauptmahlzeit mit einem grünen Salat.

2

3

5

Gebackene Kartoffelscheiben

Diese Kartoffeln kann man unbeaufsichtigt in den Ofen stellen; sie empfehlen sich daher besonders als Beilage zu einem zeitaufwendigen Schmor- oder Eintopf.

Für 4 Personen

ZUTATEN

50 g zerlassene Butter
700 g festkochende Kartoffeln ohne Schale
4 EL gehackte gemischte Kräuter
Salz
Pfeffer (aus der Mühle)
gehackte frische Kräuter zum Garnieren

1 Eine feuerfeste Form (1 Liter) mit etwas Butter ausfetten.

2 Die Kartoffeln in dünne Scheiben schneiden und mit Küchenpapier trockentupfen.

3 Die Form mit einer Schicht Kartoffelscheiben auslegen. Diese mit Butter bepinseln und mit einem Viertel der Kräutermischung bestreuen. Mit Salz und Pfeffer kräftig würzen.

4 Weitere Kartoffelscheiben einschichten, jede Schicht mit Butter bepinseln und mit Kräutern bestreuen. So fortfahren, bis alle Kartoffeln aufgebraucht sind.

5 Die oberste Schicht mit Butter bepinseln und alles zugedeckt im Backofen bei 200 °C (Gas: Stufe 3) 90 Minuten backen.

6 Die Kartoffeln auf eine hitzebeständige Platte geben und im Backofen ca. 30 Minuten überbacken, bis die Kruste goldbraun ist. Mit den Kräutern garnieren und sofort servieren.

TIPP

Achten Sie darauf, dass Sie die Kartoffeln in ganz dünne Scheiben schneiden, damit sie am Ende auch durch sind.

VARIATION

Die Butter hält die Kartoffelscheiben zusammen, sodass man das fertige Gericht leichter aus der Schale heben kann. Daher ist es wichtig, die Kartoffelscheiben gründlich mit Küchenpapier trockenzutupfen, bevor man sie in die Form gibt.

Kartoffeln mit Mandeln und Rucola

Diese im Ofen gebackenen Kartoffelscheiben haben einen feinen Mandelgeschmack und werden durch das Kurkumapulver leuchtend gelb.

Für 4 Personen

ZUTATEN

2 in Scheiben geschnittene große Kartoffeln mit Schale
1 EL Pflanzenöl
1 halbierte und in Ringe geschnittene rote Zwiebel
1 durchgepresste Knoblauchzehe
50 g Mandelplättchen
1/2 TL Kurkumapulver
150 g Rucola (Rauke)
300 g Crème fraîche
Salz
Pfeffer (aus der Mühle)

1 Die Kartoffeln 10 Minuten kochen, abgießen und gründlich abtropfen lassen.

2 Das Pflanzenöl in einer Pfanne erhitzen und darin unter Rühren Zwiebel und Knoblauch 3 bis 4 Minuten anbraten.

3 Mandeln, Kurkuma und Kartoffelscheiben in die Pfanne geben und 2 bis 3 Minuten unter ständigem Rühren anbraten. Rucola darunter rühren.

4 Die Kartoffel-Mandel-Mischung in eine feuerfeste Form füllen. Crème fraîche darauf geben und mit Salz sowie Pfeffer abschmecken.

5 Alles im vorgeheizten Backofen bei 200 °C (Gas: Stufe 3) ca. 20 Minuten backen, bis die Kartoffeln durch sind. Als Beilage zu Gerichten mit gegrilltem Fleisch oder Fisch servieren.

VARIATION

Falls es keinen Rucola geben sollte, verwenden Sie stattdessen die gleiche Menge jungen Spinat.

VARIATION

Sie können statt der Mandelplättchen auch Cashew- oder ungesalzene Erdnüsse verwenden.

3

3

4

Schmorkartoffeln

Diese Kartoffeln werden zusammen mit Lauch und Wein im Backofen geschmort. Sie sind schnell und einfach zuzubereiten.

Für 4 Personen

ZUTATEN

700 g in Viertel oder Achtel geschnittene festkochende Kartoffeln mit Schale
1 EL Butter
2 in breite Ringe geschnittene Stangen Lauch
150 ml trockener Weißwein
150 ml Gemüsebrühe
1 EL Zitronensaft
2 EL gehackte Kräuter
Salz
Pfeffer (aus der Mühle)

ZUM GARNIEREN:
einige Streifen unbehandelte Zitronenschale
gemischte frische Kräuter (nach Belieben)

1 Die Kartoffelviertel oder -achtel in kochendem Wasser 5 Minuten garen, abgießen und gründlich abtropfen lassen.

2 Inzwischen die Butter in einer Pfanne zerlassen und darin den Lauch 5 Minuten weich garen.

3 Die halb gegarten Kartoffeln und den Lauch in eine feuerfeste Form füllen.

4 Wein, Gemüsebrühe, Zitronensaft und Kräuter mischen, mit Salz und Pfeffer abschmecken und die Mischung über die Kartoffeln sowie den Lauch geben.

5 Im vorgeheizten Backofen bei 200 °C (Gas: Stufe 3) die Kartoffeln 35 Minuten schmoren, bis sie weich sind.

6 Die Schmorkartoffeln mit Zitronenschalenstreifen sowie nach Belieben frischen Kräutern garnieren und als Beilage zu Schmorfleisch oder Schmorbraten servieren.

TIPP

Sobald der Lauch anfängt, braun zu werden, die Form zudecken.

Kartoffelbrei mit Semmelbröseln

Kartoffelpüree erhält hier durch Zugabe von Kräutern, Senf und Zwiebel einen kräftigeren Geschmack; die Käsekruste wird beim Backen schön knusprig.

Für 4 Personen

ZUTATEN

- 1 kg gewürfelte mehligkochende Kartoffeln
- 2 EL Butter
- 2 EL Milch
- 50 g geriebener würziger Käse
- 2 EL gehackte Petersilie

FÜR DIE KRUSTE:
- 3 EL Butter
- 1 in dünne Spalten geschnittene Zwiebel
- 1 durchgepresste Knoblauchzehe
- 1 EL Dijon-Senf
- 200 g Vollkornsemmelbrösel
- Salz
- Pfeffer (aus der Mühle)

1 Die Kartoffeln ca. 10 Minuten lang weich kochen.

2 Inzwischen für die Kruste die Butter in einer Pfanne zerlassen. Zwiebel, Knoblauch sowie Senf hinzufügen und alles 5 Minuten anbraten, bis die Zwiebelspalten weich sind.

3 Die Semmelbrösel in eine Schüssel geben und die Zwiebelspalten unterrühren. Würzen.

4 Die Kartoffeln abgießen, abtropfen lassen und in eine Schüssel geben. Butter sowie Milch hinzufügen und alles zu einem weichen Brei stampfen. Den geriebenen Käse hineinrühren, solange der Kartoffelbrei noch heiß ist.

5 Den Kartoffelbrei in eine feuerfeste Form füllen, darauf die Semmelbrösel verteilen.

6 Den Brei im vorgeheizten Ofen bei 200 °C (Gas: Stufe 3) ca. 15 Minuten backen, bis die Kruste knusprig ist. Mit Petersilie bestreuen und sofort servieren.

TIPP

Wenn Sie es besonders knusprig wollen, fügen Sie in Schritt 4 frisch gekochtes Gemüse, etwa Sellerie oder Paprikaschoten, hinzu.

Kartoffel-Möhren-Soufflé

Soufflés gelten oft als schwierig. Dieses aber ist leicht zubereitet und sieht obendrein attraktiv aus. Es sollte sofort nach dem Backen serviert werden.

Für 4 Personen

ZUTATEN

2 EL zerlassene Butter
4 EL Weizenvollkornsemmelbrösel
700 g gebackene mehligkochende Ofenkartoffeln mit Schale
2 geraspelte Möhren
Eigelb und Eiweiß von 2 frischen Eiern
2 EL Orangensaft
1 Msp. geriebene Muskatnuss
Salz
Pfeffer (aus der Mühle)
Möhrenstreifen zum Garnieren

1 Eine Souffléform (etwa 900 ml) mit Butter auspinseln. Drei Viertel der Semmelbrösel auf den Boden und die Seiten der Form streuen, sodass sie haften bleiben.

2 Die Ofenkartoffeln halbieren, das Innere herausheben und in eine Schüssel geben.

3 Möhren, Eigelbe, Orangensaft und Muskat unterrühren. Mit Salz und Pfeffer würzen.

4 Die Eiweiße schlagen, bis sie leicht schaumig sind, dann mit einem Metalllöffel unter die Kartoffelmischung heben, bis sie gut damit vermengt sind.

5 Die Kartoffel-Möhren-Mischung in die Souffléform füllen. Die übrigen Semmelbrösel auf die Mischung geben.

6 Im vorgeheizten Backofen bei 200 °C (Gas: Stufe 3) 40 Minuten backen, bis das Soufflé aufgeht und goldbraun wird. Die Ofentür während des Backvorgangs nicht öffnen, da es sonst zusammenfällt. Mit den Möhrenstreifen garnieren und sofort servieren.

TIPP

Die Ofenkartoffeln etwa 1 Stunde in einem auf 200 °C vorgeheizten Ofen backen, vorher die Schalen anstechen.

1

2

3

Dämpfkartoffeln in Nestern

Neue Kartoffeln eignen sich besonders gut für diese Zubereitungsart. Zum Dämpfen werden die Kartoffeln und das Gemüse in beschichtetes Pergamentpapier eingewickelt.

Für 4 Personen

ZUTATEN

16 kleine neue Kartoffeln mit Schale
1 in Stifte geschnittene Möhre
1 in Scheiben geschnittene Fenchelknolle
100 g grüne Bohnen
1 in Streifen geschnittene gelbe Paprikaschote
150 ml trockener Weißwein
4 Rosmarinzweige
Salz
Pfeffer (aus der Mühle)
Rosmarinzweige zum Garnieren

1 Aus beschichtetem Pergamentpapier 4 Quadrate von 25 cm Seitenlänge schneiden.

2 Die Gemüse auf die Mitte der Vierecke verteilen.

3 Die Papierecken hochziehen und zur Mitte hin zusammenknäueln, sodass das Gemüse fest darin eingeschlossen ist; oben offenlassen.

4 Die Päckchen auf ein Backblech geben und je 4 Esslöffel Wein in jedes Päckchen träufeln. Rosmarin hinzufügen und alles mit Salz sowie Pfeffer würzen.

5 Jetzt die Päckchen oben so zusammenfalten, dass sie fest verschlossen sind. Im vorgeheizten Backofen bei 200 °C (Gas: Stufe 3) ca. 35 Minuten dämpfen, bis das Gemüse weich ist.

6 Die Päckchen auf Teller setzen und mit Rosmarin garnieren. Sie sollten erst bei Tisch geöffnet werden, damit das Aroma des Gemüses voll zur Geltung kommt.

TIPP

Man kann diese Päckchen auch in einem Dampfkochtopf zubereiten.

VARIATION

Wenn es keine kleinen neuen Kartoffeln gibt, verwenden Sie größere Kartoffeln, die Sie am besten vierteln, damit sie in der genannten Zeit gar werden.

Haupt-gerichte

Dieses Kapitel enthält eine breite Auswahl köstlicher Mahlzeiten, die reichhaltiger und auch aufwendiger zuzubereiten sind als Snacks und leichte Speisen. Bei den meisten Rezepten ist die Kartoffel der wichtigste Bestandteil, doch es werden auch Vorschläge gemacht, zu welchen Kartoffelgerichten man Fleisch, Geflügel, Fisch oder Gemüse als Beilagen hinzufügen kann. Es ist also mit Sicherheit für jeden Geschmack etwas dabei.

Rezepte wie Kartoffelravioli, Kartoffel-Lamm-Kofta, Bunte Kartoffelpizza oder Kartoffelcurry stammen aus der ganzen Welt. Außerdem finden Sie zahlreiche herzhafte und opulente Gerichte wie Saftiger Hühnerschmortopf, Kartoffelsoufflé mit dreierlei Käse oder Kartoffel-Auberginen-Gratin. Und ob Sie nun für zwei oder vier Personen, für die Familie oder für Ihre Gäste kochen, Sie werden sicher etwas Verlockendes und Leckeres finden!

Kartoffel-Rindfleisch-Topf

Die würzige Erdnusssauce passt als Ergänzung zu fast jeder Fleischsorte; man kann also statt Rindfleisch auch Huhn oder Schweinefleisch verwenden.

Für 4 Personen

ZUTATEN

- 1 EL Pflanzenöl
- 2 EL Butter
- 500 g geschnetzeltes mageres Rindfleisch
- 1 halbierte, in Ringe geschnittene Zwiebel
- 2 durchgepresste Knoblauchzehen
- 2 große gewürfelte festkochende Kartoffeln ohne Schale
- 1/2 TL Paprikapulver
- 2 EL Erdnussbutter
- 600 ml Rinderbrühe
- 1 - 2 EL ungesalzene Erdnüsse
- 2 TL helle Sojasauce
- 50 g Zuckerschoten
- 1 in Streifen geschnittene rote Paprikaschote
- Petersilie zum Garnieren

1 Öl und Butter in einem Schmortopf erhitzen.

2 Das geschnetzelte Rindfleisch hineingeben und ca. 4 Minuten anbraten, bis sich die Poren schließen; dabei ständig rühren und das Fleisch mehrmals wenden.

3 Zwiebel sowie Knoblauch dazugeben und alles unter Rühren weitere 2 Minuten braten.

4 Die Kartoffelwürfel hinzufügen und ca. 3 bis 4 Minuten anbraten, bis sie leicht braun werden.

5 Paprika und Erdnussbutter unterrühren, dann nach und nach mit der Rinderbrühe aufgießen und alles unter häufigem Rühren zum Kochen bringen.

6 Erdnüsse, Sojasauce, Schoten und Paprika dazugeben und alles zugedeckt bei geringer Hitze ca. 45 Minuten schmoren, bis das Fleisch gar ist. Mit Petersilie garnieren und servieren.

TIPP

Zum Schmortopf passen Reis oder Nudeln.

VARIATION

Wer es scharf mag, gibt eine gehackte grüne Chilischote dazu.

Kartoffelravioli

Der Ravioliteig besteht hier aus Kartoffelbrei und nicht aus Mehl. Die Ravioli werden mit Sauce Bolognese gefüllt und dann in der Pfanne ausgebacken.

Für 4 Personen

ZUTATEN

FÜR DIE FÜLLUNG:
- 1 EL Pflanzenöl
- 150 g gemischtes Hackfleisch
- 1 klein geschnittene Schalotte
- 1 durchgepresste Knoblauchzehe
- 1 EL Weizenmehl Type 405
- 1 EL Tomatenmark
- 150 ml Rinderbrühe
- 1 klein geschnittener Staudensellerie
- 2 enthäutete und klein geschnittene Tomaten
- 2 TL gehacktes Basilikum
- Salz
- Pfeffer (aus der Mühle)

FÜR DIE RAVIOLI:
- 500 g gewürfelte mehligkochende Kartoffeln ohne Schale
- 3 kleine frische Eigelb
- 3 EL kaltgepresstes Olivenöl
- 175 g Weizenmehl Type 405
- 60 g Butter zum Ausbacken
- zerrupftes Basilikum zum Garnieren

1 Für die Füllung das Öl erhitzen und darin das Hackfleisch 4 Minuten anbraten. Schalotte und Knoblauch hinzufügen, ca. 3 Minuten garen, bis die Schalotte weich ist.

2 Mehl sowie Tomatenmark unterrühren und alles 1 Minute erhitzen; dann Rinderbrühe, Sellerie, Tomaten und Basilikum unterrühren. Nach Geschmack mit Salz und Pfeffer würzen.

3 Die Mischung bei geringer Hitze 20 Minuten köcheln.

4 Für die Ravioli die Kartoffeln ca. 10 Minuten weich kochen.

5 Die Kartoffeln stampfen. Eigelbe und Öl untermischen, würzen, das Mehl dazugeben und das Ganze zu einem Teig kneten.

6 Auf einer mit Mehl bestreuten Arbeitsfläche den Teig in 24 Teile trennen; daraus flache runde Plätzchen formen. Die Füllung jeweils auf die Mitte der Plätzchen setzen, diese halbmondförmig falten und die Ränder mit den Fingern zusammendrücken.

7 Die Butter in einer Pfanne zerlassen, darin die Ravioli etwa 8 Minuten goldbraun ausbacken; dabei einmal wenden. Mit Basilikum garnieren und heiß servieren.

Kalbfleisch auf italienische Art

Mit zartem Kalbfleisch schmeckt dieses Gericht einmalig.
Sollten Sie aber keines mögen, können Sie auch Schweine- oder Truthahnschnitzel nehmen.

Für 4 Personen

ZUTATEN

60 g Butter
1 EL kaltgepresstes Olivenöl
700 g gewürfelte Kartoffeln ohne Schale
4 Kalbsschnitzel (à 175 g)
1 in Achtel geteilte Zwiebel
2 durchgepresste Knoblauchzehen
2 EL Weizenmehl Type 405
2 EL Tomatenmark
150 ml Rotwein
300 ml Hühnerbrühe
8 enthäutete, entkernte und gewürfelte reife Tomaten
1 - 2 EL halbierte und entkernte schwarze Oliven
2 EL gehacktes Basilikum
Salz
Pfeffer (aus der Mühle)
frisches Basilikum zum Garnieren

1 Butter und Öl in einer großen Pfanne erhitzen. Darin die Kartoffeln ca. 7 Minuten anbraten.

2 Die Kartoffeln herausnehmen und beiseite stellen.

3 Das Fleisch ca. 3 Minuten pro Seite anbraten, beiseite stellen.

4 Zwiebel und Knoblauch in die Pfanne geben und 3 Minuten bräunen. Mehl und Tomatenmark hinzufügen, 1 Minute erhitzen.

5 Nach und nach mit Rotwein und Hühnerbrühe aufgießen; dabei ständig rühren, damit eine glatte Sauce entsteht.

6 Kartoffeln und Kalbfleisch in die Pfanne geben. Tomaten, Oliven sowie Basilikum unterrühren und alles mit Salz sowie Pfeffer abschmecken.

7 Das Ganze in einen Schmortopf geben und im vorgeheizten Backofen bei 180 °C (Gas: Stufe 2) ca. 1 Stunde schmoren, bis die Kartoffeln und das Fleisch durch sind. Mit Basilikum garnieren und servieren.

TIPP

Damit es schneller geht und das Kalbfleisch auch wirklich schön zart ist, klopfen Sie es vorher weich.

Lammtopf mit Kartoffelscheiben

Ein Kartoffelkochbuch wäre unvollständig ohne diesen Klassiker, bei dem zarte Lammschnitzel zwischen Kartoffeln, Nierchen und Zwiebeln eingebettet sind.

Für 4 Personen

ZUTATEN

- 700 g bestes Halsstück vom Lamm in Schnitzeln
- 2 Nieren vom Lamm
- 700 g in dünne Scheiben geschnittene festkochende Kartoffeln ohne Schale
- 1 in dünne Ringe geschnittene große Zwiebel
- 2 EL gehackter Thymian
- 150 ml Lammfond
- Salz
- Pfeffer (aus der Mühle)
- 2 EL zerlassene Butter
- frischer Thymian zum Garnieren

1 Überflüssiges Fett vom Lammfleisch entfernen. Die Nieren häuten, säubern und in Scheiben schneiden.

2 Den Boden einer feuerfesten Auflaufform (2 Liter Inhalt) mit Kartoffelscheiben auslegen.

3 Das Lammfleisch auf den Kartoffeln verteilen und mit Nierenscheiben, Zwiebel sowie Thymian bedecken.

4 Die Lammbrühe über das Fleisch gießen und würzen.

5 Die restlichen Kartoffelscheiben dachziegelartig so auf das Fleisch und die Zwiebelringe schichten, dass diese vollständig bedeckt sind.

6 Die Kartoffelscheiben mit Butter bepinseln, die Form mit Alufolie abdecken und alles im vorgeheizten Backofen 90 Minuten bei 180 °C (Gas: Stufe 2) backen. Alufolie entfernen und den Auflauf weitere 30 Minuten im Backofen lassen, bis die oberste Kartoffelschicht goldbraun wird. Mit Thymian garnieren und heiß servieren.

TIPP

Obwohl es sich um ein klassisches Rezept handelt, können zur Bereicherung noch weitere Zutaten Ihrer Wahl (z. B. Sellerie oder Möhren) verwendet werden.

VARIATION

Auch Austern gehören traditionell zu diesem Eintopf. Geben Sie diese zusammen mit den Nieren in die Auflaufform.

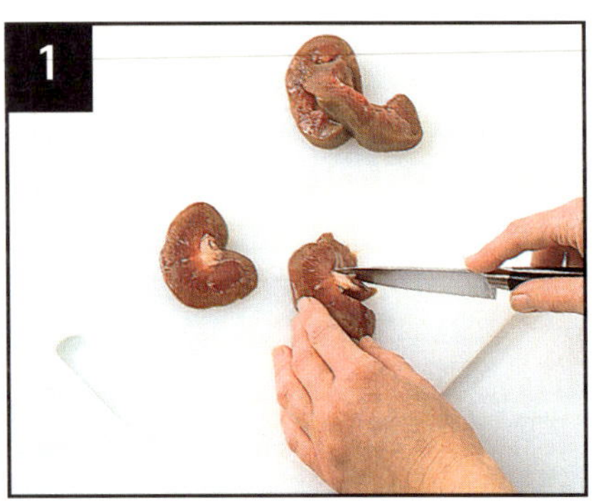
1

2

5

Kartoffel-Lamm-Kofta

In Griechenland steckt man die Kofta genannten Bällchen wie ein Schaschlik auf Spieße. Dieses Rezept sieht vor, dass man sie auf einer Platte zusammen mit Tzatziki serviert.

Für 4 Personen

ZUTATEN

500 g klein geschnittene mehligkochende Kartoffeln ohne Schale
2 EL Butter
250 g Lammhackfleisch
1 gehackte Zwiebel
2 durchgepresste Knoblauchzehen
1/2 TL Korianderpulver
2 verquirlte frische Eier
Salz, Pfeffer (aus der Mühle)
Öl zum Frittieren
Minze zum Garnieren

FÜR DIE SAUCE:
150 g Naturjoghurt
50 g fein gehackte Salatgurke
1 EL gehackte Minze
1 durchgepresste Knoblauchzehe

1 Die Kartoffeln 10 Minuten weich kochen, abgießen, abtropfen lassen, zu einem geschmeidigen Brei stampfen und diesen in eine Schüssel geben.

2 Die Butter in einer Pfanne zerlassen. Hackfleisch, Zwiebel, Knoblauch sowie Koriander hinzufügen und alles unter Rühren 15 Minuten schmoren.

3 Den Bratensaft aus der Pfanne abgießen, dann die Fleischmischung unter den Kartoffelbrei rühren. Die Eier untermengen und alles kräftig würzen.

4 Für die Sauce Joghurt, Gurke, Minze sowie Knoblauch mischen und beiseite stellen.

5 Das Öl in einem großen Topf auf 180 bis 190 °C erhitzen. Die Kartoffelmischung häufchenweise darin ca. 5 Minuten goldbraun frittieren.

6 Die fertigen Bällchen mit einem Schaumlöffel herausnehmen, auf Küchenpapier gründlich abtropfen lassen und warm halten. Mit Minze garnieren und zusammen mit der Sauce servieren.

TIPP

Kofta kann man mit jeder Art von Hackfleisch zubereiten und mit allerlei frischen Kräutern wie Salbei, Oregano, Thymian oder Koriander würzen.

Kartoffeleintopf mit pochierten Eiern

Bei dieser Variante eines traditionellen spanischen Eiergerichts isst man die pochierten Eier zusammen mit einer Mischung aus scharfer Wurst, Tomaten und Kartoffeln.

Für 4 Personen

ZUTATEN

700 g klein geschnittene festkochende Kartoffeln
3 EL kaltgepresstes Olivenöl
1 halbierte, in Ringe geschnittene Zwiebel
2 durchgepresste Knoblauchzehen
400 g klein geschnittene Flaschentomaten (aus der Dose)
100 g in Scheiben geschnittener Chorizo (spanische Paprikawurst)
1 in Streifen geschnittene grüne Paprikaschote
1/2 TL Paprikapulver
1 - 2 EL halbierte und entkernte schwarze Oliven
8 frische Eier
Salz, Pfeffer (aus der Mühle)
1 EL gehackte Petersilie

1 Die Kartoffeln in kochendem Wasser 10 Minuten garen, bis sie weich sind; abgießen, abtropfen lassen und beiseite stellen.

2 In einer großen Pfanne das Olivenöl erhitzen. Zwiebelringe sowie Knoblauch dazugeben und 2 bis 3 Minuten braten, bis die Zwiebeln weich sind.

3 Die Flaschentomaten hinzufügen und alles auf kleiner Flamme etwa 10 Minuten köcheln, bis die Mischung eingedickt ist.

4 Kartoffeln, Chorizo, Paprika, Paprikapulver und Oliven in die Pfanne geben. Würzen, alles unter ständigem Rühren 5 Minuten garen, dann in eine große feuerfeste Auflaufform füllen.

5 In die Mischung acht Mulden drücken und in diese jeweils ein Ei schlagen. Im vorgeheizten Backofen bei 225 °C (Gas: Stufe 4) etwa 6 Minuten überbacken, bis die Eier pochiert sind. Mit Petersilie bestreuen und servieren. Dazu passen getoastete Brotscheiben.

VARIATION

Wenn Sie das Gericht etwas schärfer wollen, 1 TL Chilipulver bei Schritt 4 hinzufügen.

Bunte Kartoffelpizza

Kartoffeln sind eine ausgezeichnete Grundlage für Pizzateig, und was den Geschmack betrifft, lohnt es die Mühe erst recht, ihn nach diesem Rezept zuzubereiten.

Für 1 große Pizza

ZUTATEN

1 kg gewürfelte mehligkochende Kartoffeln ohne Schale
1 EL Butter
2 durchgepresste Knoblauchzehen
2 EL gehackte frische Kräuter
1 frisches Ei

100 g pürierte Tomaten
2 EL Tomatenmark
50 g in Scheiben geschnittene Peperoni
je 1 in Streifen geschnittene grüne und gelbe Paprikaschote

4 in Scheiben geschnittene Champignons
1 - 2 EL in Viertel geteilte und entkernte Oliven
125 g in Scheiben geschnittener Mozzarella

1 Ein rundes Backblech von ca. 23 cm Ø ausfetten und mit Mehl bestäuben.

2 Die Kartoffen 10 Minuten weich kochen, abgießen und in einer Schüssel zu Brei stampfen. In den Kartoffelbrei Butter, Knoblauch, Kräuter und das Ei mengen.

3 Die Mischung auf dem Blech verteilen und den Teig im vorgeheizten Backofen bei 225 °C (Gas Stufe 4) ca. 7 bis 10 Minuten backen, bis der Pizzaboden anfängt, fest zu werden.

4 Tomatenpüree sowie Tomatenmark mischen und auf dem Pizzaboden verteilen. Am Rand etwa 1 cm frei lassen.

5 Peperoni, grüne und gelbe Paprika, Pilze und Oliven auf der Tomatenmischung gleichmäßig verteilen.

6 Die Pizza mit Mozzarella belegen und im Backofen ca. 20 Minuten backen, bis der Käse geschmolzen ist. Die Pizza heiß servieren. Dazu passt ein gemischter Salat.

TIPP

Dieser Pizzateig ist von weicherer Beschaffenheit als normaler Brotteig und wird am besten auf dem Blech serviert. Belegen Sie die Pizza nach Belieben.

3

4

6

Kartoffel-Wurst-Pfanne

Diese komplette Mahlzeit besteht aus Kartoffeln und Bratwürsten, die in einer Kräuter-Wein-Sauce zubereitet werden. Dazu passt frisches Mischgemüse.

Für 4 Personen

ZUTATEN

- 700 g in Viertel geteilte festkochende Kartoffeln ohne Schale
- 2 EL Butter
- 8 mittelgroße, gut gewürzte Bratwürste
- 4 Scheiben Räucherspeck
- 1 in Viertel geteilte Zwiebel
- 1 in Scheiben geschnittener Zucchini
- 150 ml trockener Weißwein
- 300 ml Gemüsebrühe
- 1 TL Worcestershiresauce
- 2 EL gehackte Kräuter
- Salz
- Pfeffer (aus der Mühle)
- gehackte Kräuter zum Garnieren

1 Die Kartoffeln 10 Minuten weich kochen, abgießen und beiseite stellen.

2 Die Butter in einer großen Pfanne zerlassen. Die Würste hineingeben und etwa 5 Minuten anbraten; dabei häufig wenden, sodass sie auf allen Seiten schön braun werden.

3 Speckscheiben, Zwiebel, Zucchini und Kartoffeln in die Pfanne geben und alles 10 Minuten braten; dabei umrühren und die Würste häufig wenden.

4 Weißwein, Gemüsebrühe, Worcestershiresauce und Kräuter unterrühren. Mit Salz sowie Pfeffer würzen und das Ganze auf kleiner Flamme 10 Minuten köcheln lassen. Wenn nötig, mit etwas Salz und Pfeffer nachwürzen.

5 Kartoffeln und Würste auf vorgewärmten Tellern anrichten und mit Kräutern garnieren. Sofort servieren.

TIPP

Nutzen Sie das Angebot, und probieren Sie verschiedene Wurstsorten aus, um den Geschmack zu variieren.

VARIATION

Wegen der schönen Farbe empfiehlt es sich, statt der weißen eine rote Zwiebel zu verwenden.

Kartoffel-Tomaten-Topf mit Wurst

Kräftige Hausmannskost, die nicht nur sättigt, sondern auch köstlich schmeckt. Sie können dazu jede Bratwurst verwenden, die stark gewürzt ist.

Für 4 Personen

ZUTATEN

2 große, in Scheiben geschnittene Kartoffeln ohne Schale
1 EL Pflanzenöl
8 stark gewürzte Bratwürste
1 in Achtel geteilte rote Zwiebel
1 EL Tomatenmark
150 ml Rotwein
150 g pürierte Tomaten
2 jeweils in 8 Teile geteilte Tomaten
200 g blanchierte Brokkoliröschen
2 EL gehacktes Basilikum
Salz
Pfeffer (aus der Mühle)
zerrupftes Basilikum zum Garnieren

1 Die Kartoffelscheiben in kochendem Wasser 7 Minuten garen, abgießen, gründlich abtropfen lassen und beiseite stellen.

2 Inzwischen in einer großen Pfanne das Pflanzenöl erhitzen und darin die Würste 5 Minuten braten. Diese mehrmals wenden, sodass sie rundum knusprig braun werden.

3 Anschließend die Zwiebel dazugeben und alles unter häufigem Rühren weitere 5 Minuten braten.

4 Das Tomatenmark, den Rotwein sowie das Tomatenpüree unterrühren und alles gut mischen. Tomatenstücke, die Brokkoliröschen sowie das gehackte Basilikum dazugeben und alles gut mischen.

5 Die vorgekochten Kartoffelscheiben in die Pfanne geben und die Mischung etwa 10 Minuten braten, bis die Würste ganz durch sind. Das Ganze mit Salz und Pfeffer würzen. Mit dem zerrupften Basilikum garnieren und heiß servieren.

VARIATION

Brokkoli passt besonders gut für dieses Gericht, aber Sie können auch anderes Gemüse nach Ihrem Geschmack verwenden.

TIPP

Sie können anstatt der pürierten Tomaten auch klein geschnittene frische Tomaten verwenden.

Kartoffelplätzchen mit Hühnerfleisch

Kartoffelplätzchen sind sehr beliebt, werden aber zumeist nur als Beilage verwendet. Dieses leckere Rezept mit Hühnerfleisch und Banane reicht aber für ein sättigendes Hauptgericht.

Für 4 Personen

ZUTATEN

500 g gewürfelte mehligkochende Kartoffeln ohne Schale
250 g Hühnerhackfleisch
1 große Banane
2 EL Weizenmehl Type 405
1 TL Zitronensaft
1 fein gehackte Zwiebel
2 EL gehackter Salbei
Salz
Pfeffer (aus der Mühle)
2 EL Butter
2 EL Pflanzenöl
150 g saure Sahne
150 ml Gemüsebrühe
frische Salbeiblätter zum Garnieren

1 Die Kartoffeln 10 Minuten weich kochen, abgießen und in einer Schüssel zu Brei stampfen. Das Hühnerhackfleisch untermengen.

2 Die Banane zerdrücken und mit Mehl, Zitronensaft, Zwiebel und der Hälfte des Salbeis zum Kartoffelbrei geben. Kräftig würzen und gut umrühren.

3 Die Mischung in 8 Portionen teilen und jede mit leicht bemehlten Händen zu einem Plätzchen formen.

4 Butter und Öl erhitzen. Darin die Kartoffelplätzchen etwa 12 bis 15 Minuten braten, bis sie durch sind; einmal wenden. Herausnehmen und warm halten.

5 Für die Sauce Sahne und Gemüsebrühe zusammen mit dem übrigen Salbei in der Pfanne verrühren und 2 bis 3 Minuten köcheln lassen.

6 Die Kartoffelplätzchen auf einem Vorlegeteller anrichten, mit Salbei garnieren und servieren. Dazu die Salbeisauce reichen.

TIPP

Die Sauce nicht kochen lassen, sobald die Sahne hinzugefügt wurde, da diese sonst gerinnt. Die Sauce daher offen köcheln lassen.

2

3

4

Saftiger Hühnerschmortopf

Kleine neue Kartoffeln sind für dieses Rezept ideal, da sie als Ganzes gekocht werden können. Verwendet man größere Kartoffeln, sollte man sie in Stücke schneiden.

Für 4 Personen

ZUTATEN

2 EL Pflanzenöl
50 g Butter
4 Stück Hühnerfleisch (à 200 g)
2 klein geschnittene Stangen Lauch
1 durchgepresste Knoblauchzehe
4 EL Weizenmehl Type 405
900 ml Hühnerbrühe
300 ml trockener Weißwein
Salz
Pfeffer (aus der Mühle)
150 g der Länge nach halbierte kleine Möhren
150 g der länge nach halbierte Maiskölbchen
500 g gründlich gewaschene kleine neue Kartoffeln mit Schale
1 Bund gemischte Kräuter
150 g Crème fraîche

1 Das Öl und die Butter erhitzen, darin das Fleisch 10 Minuten braten; öfter wenden, damit es rundum braun wird. Herausnehmen und in einen Schmortopf geben.

2 Lauch und Knoblauch in der Pfanne 3 Minuten unter Rühren anbraten. Das Mehl einrühren und 1 Minute anschwitzen. Vom Herd nehmen, mit Brühe sowie Wein aufgießen und alles verrühren. Kräftig würzen.

3 Die Pfanne wieder auf den Herd stellen und die Mischung zum Kochen bringen. Möhren, Mais, Kartoffeln und Kräuter dazugeben.

4 Alles gut vermengen, in den Schmortopf geben und zugedeckt im vorgeheizten Backofen bei 180 °C (Gas: Stufe 2) etwa 1 Stunde schmoren.

5 Den Schmortopf herausnehmen und Crème fraîche einrühren. Dann weitere 15 Minuten ohne Deckel im Ofen schmoren. Die Kräuter entfernen, abschmecken und wenn nötig nachwürzen. Dazu gekochten Reis oder frisches Gemüse servieren.

TIPP

Sie können statt des Huhns auch Truthahnfilets verwenden und das Gemüse, je nachdem, was Sie gerade zur Hand haben, variieren.

Kabeljau-Eintopf mit Kruste

Der Fisch und die Kartoffeln verstecken sich in diesem Eintopf unter einer würzigen Kruste, die durch das Backen im Ofen schön knusprig und goldbraun wird.

Für 4 Personen

ZUTATEN

50 g Butter
4 in Scheiben geschnittene festkochende Kartoffeln ohne Schale
1 große, fein gehackte Zwiebel
1 TL Dijon-Senf
1 TL Garam Masala (indische Gewürzmischung aus dem Asienladen)
1 Prise Chilipulver
1 EL gehackter Dill
100 g Semmelbrösel
4 Kabeljaufilets (à 200 g)
Salz
Pfeffer (aus der Mühle)
50 g geriebener Greyerzer (Gruyère)
Dillzweige zum Garnieren

1 Die Hälfte der Butter in einer Pfanne zerlassen. Darin die Kartoffeln 5 Minuten braten; dabei öfter wenden, bis sie auf allen Seiten schön braun sind. Dann herausnehmen.

2 Die restliche Butter in die Pfanne geben, Zwiebel, Senf, Garam Masala, Chili, Dill und Semmelbrösel einrühren. Ca. 1 bis 2 Minuten anbraten, dabei alles gut verrühren und vermischen.

3 Die Hälfte der Kartoffeln auf den Boden einer feuerfesten Auflaufform legen und darauf die Fischfilets plazieren. Diese mit den übrigen Kartoffelscheiben bedecken und mit Salz sowie Pfeffer würzen.

4 Die würzige Mischung aus der Pfanne auf den Kartoffeln verteilen und mit Käse bestreuen.

5 Im vorgeheizten Backofen bei 200 °C (Gas: Stufe 3) etwa 25 Minuten backen, bis die Kruste goldbraun sowie knusprig und der Fisch durch ist. Mit Dill garnieren und sofort servieren.

VARIATION

Sie können für dieses Rezept jeden Fisch verwenden. Lachs empfiehlt sich nur für besondere Anlässe.

TIPP

Dazu serviert man gratiniertes Gemüse, das man zusammen mit dem Fisch in den Backofen stellt.

Kartoffelcurry

In Indien isst man nur sehr wenig Fleisch und ernährt sich vorwiegend vegetarisch. Dieses Kartoffelcurry mit Gemüse reicht für eine sättigende Hauptmahlzeit.

Für 4 Personen

ZUTATEN

- 4 EL Pflanzenöl
- 700 g kleingeschnittene festkochende Kartoffeln ohne Schale
- 2 geviertelte Zwiebeln
- 3 durchgepresste Knoblauchzehen
- 1 TL Garam Masala (ind. Gewürzmischung aus dem Asienladen)
- je 1/2 TL Kurkuma- (Gelbwurz-), Kreuzkümmel-, Korianderpulver
- 1 geriebenes, etwa 2,5 cm langes Stück Ingwerwurzel
- 1 gehackte rote Chilischote
- 250 g Blumenkohlröschen
- 4 enthäutete und geviertelte Tomaten
- 100 g TK-Erbsen
- 2 EL gehackter Koriander
- 300 ml Gemüsebrühe
- zerrupfter Koriander zum Garnieren

1 Das Pflanzenöl in einer großen Pfanne erhitzen. Kartoffeln, Zwiebeln sowie Knoblauch dazugeben und alles 2 bis 3 Minuten mäßig anbraten; dabei häufig rühren.

2 Garam Masala, Kurkuma-, Kreuzkümmel- und Korianderpulver sowie Ingwer und Chili dazugeben und unter die Kartoffeln mischen. Unter ständigem Rühren 1 Minute kurz anbraten.

3 Blumenkohl, Tomaten, Erbsen, Koriander und Gemüsebrühe zu der Currymischung hinzufügen.

4 Das Kartoffelcurry bei geringer Hitze etwa 30 bis 40 Minuten köcheln, bis die Kartoffeln vollständig durch sind.

5 Das Kartoffelcurry mit frischem Koriander garnieren. Dazu gekochten Reis oder getoastetes Brot servieren.

TIPP

Verwenden Sie zum Garen eine große Pfanne mit schweren Boden, um sicher zu gehen, dass die Gewürze nicht anbrennen.

Kartoffel-Spinat-Knödel

Mit Spinat angereicherte Kartoffelknödel ergeben zusammen mit einer schnell hergestellten Tomatensauce eine leckere Mahlzeit.

Für 4 Personen

ZUTATEN

300 g gewürfelte mehligkochende Kartoffeln ohne Schale
200 g Blattspinat
1 frisches Eigelb
1 TL kaltgepresstes Olivenöl
125 g Weizenmehl Type 405

Salz
Pfeffer (aus der Mühle)
einige Spinatblätter zum Garnieren

FÜR DIE SAUCE:
1 EL kaltgepresstes Olivenöl
2 gehackte Schalotten
1 durchgepresste Knoblauchzehe
300 g pürierte Tomaten
2 TL heller brauner Zucker

1 Die Kartoffeln in kochendem Wasser 10 Minuten garen, bis sie durch sind. Abgießen, abtropfen lassen und zu Brei stampfen.

2 Inzwischen den Spinat in etwas kochendem Wasser 1 bis 2 Minuten blanchieren, abgießen, gut ausdrücken und die Blätter zerrupfen.

3 Den Kartoffelbrei auf eine leicht mit Mehl bestäubte Arbeitsfläche geben und in die Mitte eine Mulde drücken. In diese Eigelb, Olivenöl, Spinat sowie etwas Mehl geben und alles schnell zu einem Teig verkneten; dabei nach und nach weiteres Mehl hinzufügen, bis ein fester Teig entsteht. Daraus kleine Knödel formen.

4 In kochendem gesalzenem Wasser die Knödel etwa 5 Minuten garen, bis sie an der Oberfläche schwimmen.

5 Inzwischen die Saucenzutaten in einen Topf geben und bei geringer Hitze 10 bis 15 Minuten köcheln lassen, bis die Sauce eingedickt ist.

6 Die Knödel herausnehmen, abtropfen lassen und in eine vorgewärmte Schüssel geben. Die Sauce darüber gießen und mit frischen Spinatblättern garnieren.

VARIATION

Wenn Sie wollen, ersetzen Sie den Spinat durch frische gehackte Kräuter und Käse.

3

3

6

Gemüseauflauf mit Kartoffelbrei

Vollgepackt mit knackigem Gemüse in einer schmackhaften Weinsauce wird der Auflauf in der Form serviert oder in Portionen.

Für 4 Personen

ZUTATEN

1 klein gewürfelte Möhre
200 g Blumenkohlröschen
200 g Brokkoliröschen
1 in Scheiben geschnittene Fenchelknolle
100 g halbierte grüne Bohnen
2 EL zerlassene Butter
2 EL Weizenmehl Type 405

150 ml Gemüsebrühe
150 ml trockener Weißwein
150 ml Milch
2 EL gehackter Salbei
200 g geviertelte Maronenpilze

FÜR DIE KRUSTE:
4 gewürfelte mehligkochende Kartoffeln ohne Schale
2 EL Butter
100 g Naturjoghurt
4 EL geriebener Parmesan
1 TL Fenchelsamen
Salz, Pfeffer (aus der Mühle)

1 Möhre, Blumenkohl, Brokkoli Fenchel und Bohnen in einem Topf mit heißem Wasser 10 Minuten weich kochen. Abgießen und abtropfen lassen.

2 Die Butter sowie das Mehl unterrühren und alles 1 Minute kochen, dann vom Herd nehmen. Brühe, Wein und Milch einrühren. Alles unter Rühren zum Kochen bringen, dann langsam eindicken lassen. Salbei und Pilze zugeben.

3 Inzwischen für die Kruste die Kartoffeln in kochendem Wasser ca. 10 bis 15 Minuten weich garen, abgießen, abtropfen lassen und zu Brei stampfen. Butter, Joghurt und 2 EL Käse untermengen. Den Fenchel dazugeben.

4 Die Gemüsemischung in eine Auflaufform füllen, den Kartoffelbrei darüber geben, sodass die Füllung vollständig bedeckt ist. Den restlichen Käse darüber streuen und das Ganze im vorgeheizten Backofen bei 200 °C (Gas: Stufe 3) etwa 30 bis 35 Minuten backen, bis die Kruste goldbraun ist. Heiß servieren.

TIPP

Man kann für dieses Gericht jede beliebige Kombination von Gemüsesorten und auch TK-Ware verwenden.

1

2

4

Kartoffelsoufflé mit dreierlei Käse

Anders als sonst lässt sich dieses Soufflé leicht zubereiten und hat ein verführerisches Aroma. Die verwendeten Käsesorten sollten deshalb alle recht würzig sein.

Für 4 Personen

ZUTATEN

2 EL Butter
2 TL Weizenmehl Type 405
1 kg mehligkochende Kartoffeln ohne Schale

8 frische Eigelb
25 g geriebener Greyerzer (Gruyère)
25 g gewürfelter Blauschimmelkäse
25 g geriebener alter Parmesan

Salz
Pfeffer (aus der Mühle)
8 frische Eiweiß

1 Eine feuerfeste Souffléform (2,5 Liter) mit Butter ausfetten und mit Mehl bestäuben.

2 Die Kartoffeln in kochendem Wasser garen, bis sie durch sind. Dann zu Brei stampfen und zum Auskühlen in eine Schüssel geben.

3 Die Eigelbe unter die Kartoffelmasse mengen, die Käse dazugeben und ebenfalls untermischen. Mit Salz und Pfeffer gut würzen.

4 Die Eiweiße steif schlagen, mit einem Metalllöffel unter die Kartoffelmasse heben und gut damit vermischen.

5 Die Kartoffelmischung in die vorbereitete Form füllen. Im vorgeheizten Backofen bei 220 °C (Gas: Stufe 4) etwa 35 bis 40 Minuten backen, bis das Soufflé aufgegangen und fest ist. Sofort servieren.

TIPP

Pieksen Sie ein Holzstäbchen in die Mitte des Soufflés; dieses ist fertig, wenn beim Herausziehen kein Teig an dem Stäbchen klebt.

VARIATION

Zur Anreicherung des Geschmacks können Sie Stückchen Räucherspeck in die Soufflémasse geben.

1

3

4

Pikanter Kartoffelauflauf

Dieser wundervoll leichte Auflauf ist nicht nur etwas für Vegetarier. Serviert mit einer Tomatensauce kann er warm oder kalt gegessen werden.

Für 4 Personen

ZUTATEN

500 g gewürfelte mehligkochende Kartoffeln ohne Schale
2 EL Butter
1 gehackte Zwiebel
2 durchgepresste Knoblauchzehen
150 g ungesalzene Erdnüsse
100 g Semmelbrösel
1 frisches Ei
2 EL gehackter Koriander
150 ml Gemüsebrühe
100 g in Scheiben geschnittene Champignons
50 g in Scheiben geschnittene sonnengetrocknete Tomaten
Salz
Pfeffer (aus der Mühle)

FÜR DIE SAUCE:
150 g Crème fraîche
2 TL pürierte Tomaten
2 TL flüssiger Honig
2 EL gehackter Koriander

1 Eine Kastenform ausfetten. Die Kartoffeln 10 Minuten weich kochen, abgießen, zu Brei stampfen und in eine Schüssel geben.

2 Die Hälfte der Butter zerlassen. Zwiebeln und Knoblauch hinzufügen, ca. 2 bis 3 Minuten anbraten, bis sie weich sind. Die Nüsse fein hacken oder in einer Küchenmaschine 30 Sekunden mit den Semmelbröseln verarbeiten.

3 Nüsse, Semmelbrösel, Ei, Koriander und Gemüsebrühe unter den Kartoffelbrei mengen. Zwiebeln und Knoblauch unterrühren und alles gut vermischen.

4 Die restliche Butter zerlassen, darin die Pilze 2 bis 3 Minuten dünsten.

5 Die Hälfte des Kartoffelbreis auf dem Boden der Form verteilen. Die Pilze und die Tomaten darüber geben. Darauf die übrige Kartoffelmischung verteilen und diese glattstreichen. Mit Folie abdecken und im vorgeheizten Backofen bei 200 °C (Gas: Stufe 3) etwa 1 Stunde backen, bis der Auflauf knusprig ist.

6 In der Zwischenzeit die Zutaten für die Sauce vermischen. Den fertig gebackenen Auflauf in Scheiben schneiden und zusammen mit der Sauce servieren.

Leckere Gemüsetarte

Bei dieser pikanten Variante eines Käseauflaufs besteht der Boden aus Bratkartoffeln. Für den Belag kann man auch Gemüse aus der Kühltruhe verwenden.

Für 4 Personen

ZUTATEN

FÜR DEN BODEN:
2 EL Pflanzenöl, 4 große festkochende Kartoffeln in Scheiben

FÜR DEN BELAG:
1 EL Pflanzenöl
1 klein geschnittene Stange Lauch
1 klein geschnittene Zucchini
je 1 gewürfelte rote und grüne Paprikaschote
1 geraspelte Möhre
2 TL gehackte Petersilie
1 - 2 EL geriebener reifer Hartkäse
2 verquirlte frische Eier
250 g vollfetter Frischkäse
Salz, Pfeffer (aus der Mühle)
blanchierte Lauchringe zum Garnieren

1 Eine Springform von 20 cm Ø ausfetten.

2 Für den Tarteboden das Öl erhitzen, darin die Kartoffelscheiben portionsweise auf mittlerer Stufe bräunen, bis sie gar sind. Mit Küchenpapier gründlich trockentupfen und auf dem Boden der Springform verteilen.

3 Für den Belag das Öl erhitzen. Darin den Lauch bei mäßiger Hitze etwa 3 bis 4 Minuten anbraten, bis er durch ist.

4 Zucchini, Paprika, Möhre und Petersilie dazugeben und alles bei geringer Hitze etwa 5 bis 7 Minuten weich garen.

5 Inzwischen Eier und Käse in einer Schüssel vermischen. Das Gemüse einrühren und alles mit Salz sowie Pfeffer abschmecken. Die Masse auf den Kartoffeln in der Form verteilen.

6 Die Tarte im vorgeheizten Backofen bei 200 °C (Gas: Stufe 3) etwa 25 Minuten backen.

7 Die Gemüsetarte aus der Springform heben, mit Lauchringen garnieren und servieren. Dazu passt knackiger Salat.

TIPP

Sie können für den Belag auch Tofu- oder Fleischwürfel nehmen. Diese in Schritt 4 zusammen mit dem Gemüse braten.

Kartoffel-Gemüse-Pfanne

Diese Mischung aus Kartoffelbrei und Gemüse wird in der Pfanne zubereitet. Sie eignet sich besonders gut, um übrig gebliebenes Gemüse zu verarbeiten.

Für 4 Personen

ZUTATEN

500 g gewürfelte mehligkochende Kartoffeln ohne Schale
250 g zerrupfte Wirsingblätter
5 EL Pflanzenöl
2 klein geschnittene Stangen Lauch
1 durchgepresste Knoblauchzehe
200 g geräucherter Tofu in Würfeln
Salz, Pfeffer (aus der Mühle)
zerrupfte Lauchblätter zum Garnieren

1 Die Kartoffeln in kochendem Wasser 10 Minuten weich garen, abgießen, abtropfen lassen und in einer Schüssel zu Brei stampfen.

2 Den Wirsing 5 Minuten in kochendem Wasser blanchieren, abgießen, abtropfen lassen und zum Kartoffelbrei geben.

3 Das Öl in einer schweren Pfanne erhitzen. Darin Lauch sowie Knoblauch 2 bis 3 Minuten anbraten und unter die Kartoffel-Wirsing-Mischung mengen.

4 Tofu hinzufügen sowie alles gut mit Salz und Pfeffer würzen. Das Ganze bei mäßiger Hitze 10 Minuten braten.

5 Alles behutsam umrühren und bei mäßiger Hitze weitere 5 bis 7 Minuten braten, bis es unten knusprig-braun wird. Mit Lauchblättern garnieren und sofort servieren.

TIPP

Dieses vegetarische Gericht stellt für sich allein schon eine komplette Hauptmahlzeit dar, weil die Tofuwürfel bereits sehr sättigen.

VARIATION

Man kann statt des Tofu auch gekochtes Fleisch, etwa Rind- oder Hühnerfleisch, sowie die entsprechende Menge Fleischbrühe hinzufügen. Dabei darf die Mischung nicht zu wässrig werden.

Kartoffelgulasch

Die fleischlose Variante eines amerikanischen Eintopfs, der ursprünglich aus Pökelfleisch sowie Resten zubereitet und Seefahrern vor dem Verlassen des Hafens serviert wurde.

Für 4 Personen

ZUTATEN

- 2 EL Butter
- 1 halbierte und in Ringe geschnittene rote Zwiebel
- 1 klein geschnittene Möhre
- 100 g halbierte grüne Bohnen
- 3 große gewürfelte festkochende Kartoffeln ohne Schale
- 2 EL Weizenmehl Type 405
- 600 ml Gemüsebrühe
- 200 g gewürfelter Tofu
- Salz
- Pfeffer (aus der Mühle)
- gehackte Petersilie zum Garnieren

1 Die Butter in einer Pfanne zerlassen. Darin Zwiebel, Möhre, Bohnen und Kartoffeln unter Rühren 5 bis 7 Minuten anbraten, bis das Gemüse braun zu werden beginnt.

2 Das Mehl dazugeben und alles 1 Minute unter ständigem Rühren anschwitzen. Nach und nach mit der Gemüsebrühe aufgießen.

3 Die Hitze reduzieren und die Mischung etwa 15 Minuten köcheln lassen, bis die Kartoffeln schön weich sind.

4 Den gewürfelten Tofu hinzufügen und alles nochmals 5 Minuten garen. Mit Salz und Pfeffer würzen.

5 Die Petersilie über das Gulasch streuen und dieses direkt aus der Pfanne heiß servieren.

VARIATION

Sie können an Stelle des Tofu auch Fleischwürfel, etwa Rindfleisch oder Lamm, verwenden.

TIPP

Typisch für das in den USA sogenannte Hash sind Zutaten wie Roastbeef oder Corned Beef, Paprikaschoten, Zwiebeln und Sellerie; dazu wird oft eine Fleischsauce serviert. Man isst dazu gerne Weiß- oder andere Brotscheiben.

Gefüllte Ofenkartoffeln mit Pesto

Ofenkartoffeln werden zunächst im Backofen gebacken; dann löffelt man das Kartoffelfleisch heraus, vermischt es mit Pesto, füllt damit die Kartoffeln und überbackt diese.

Für 4 Personen

ZUTATEN

4 große Ofenkartoffeln (à 200 g)
Salz
150 g Crème fraîche
85 ml Gemüsebrühe
1 EL Zitronensaft
2 durchgepresste Knoblauchzehen
3 EL gehacktes Basilikum
2 EL Pinienkerne
2 EL geriebener Parmesan
Pfeffer (aus der Mühle)

1 Die Kartoffeln waschen, die Schale anstechen. Etwas Salz auf die Schalen reiben und die Kartoffeln auf ein Backblech legen.

2 Die Kartoffeln im vorgeheizten Backofen bei 200 °C (Gas: Stufe 3) ca. 1 Stunde backen, bis sie durch und knusprig sind.

3 Die Kartoffeln der Länge nach halbieren, mit einem Löffel das Fleisch herausheben und in eine Schüssel geben; dabei noch etwas Kartoffelfleisch an der Schale lassen. Das ausgelöste Fleisch mit einer Gabel zerdrücken.

4 In einem Topf Crème fraîche und Brühe in 8 bis 10 Minuten auf die Hälfte des Volumens (auf niedriger Stufe) reduzieren.

5 Zitronensaft, Knoblauch sowie Basilikum einrühren und mit Salz und Pfeffer abschmecken. Das Ganze zusammen mit den Pinienkernen unter die Kartoffelmasse mengen.

6 Die Mischung wieder in die Kartoffeln füllen, Parmesan darüber streuen und 10 Minuten überbacken, bis der Käse braun wird. Dazu passt Salat.

VARIATION

Bei Schritt 5 vollfetten Frischkäse oder Pilze in dünnen Scheiben zur Kartoffelmasse geben.

Ofenkartoffeln mit Avocadofüllung und heißer Salsa

Bei dieser speziellen Zubereitungsart wird das Fleisch der Ofenkartoffeln mit Avocadobrei vermischt und als Füllung verwendet. Man serviert dazu eine feurige Sauce.

Für 4 Personen

ZUTATEN

4 große Ofenkartoffeln (à 200 g)
Salz
1 große reife Avocado
1 TL frisch gepresster Zitronensaft
175 g geräucherte Tofuwürfel
2 durchgepresste Knoblauchzehen
1 fein gehackte Zwiebel
1 fein gehackte Tomate
125 g gemischte Salatblätter
frische Korianderzweige zum Garnieren

FÜR DIE SAUCE:
2 entkernte und gewürfelte Tomaten
1 EL Korianderpulver
1 fein gehackte Schalotte
1 gewürfelte grüne Chilischote
1 EL frisch gepresster Zitronensaft
Pfeffer (aus der Mühle)

1 Die Kartoffeln waschen, mit einer Gabel anstechen, etwas Salz auf die Schale reiben und auf ein Backblech legen.

2 Im vorgeheizten Backofen bei 200 °C (Gas: Stufe 3) ca. 60 Minuten knusprig backen.

3 Die Kartoffeln der Länge nach halbieren, das Innere herausheben und in eine Schüssel geben; dabei noch etwas Kartoffelfleisch an der Schale lassen.

4 Die Avocado halbieren, entsteinen, das Avocadofleisch herauslöffeln und zur Kartoffelmasse geben. Den Zitronensaft darüber träufeln und alles mit einer Gabel zerdrücken. Tofu, Knoblauch, Zwiebel und Tomate untermischen. Die Masse gleichmäßig auf 4 Kartoffelhälften verteilen.

5 Auf die Füllung jeweils einige Salatblätter legen und die andere Kartoffelhälfte darüber stülpen.

6 Für die Salsa Tomaten, Koriander, Schalotte, Chili sowie Zitronensaft vermischen und das Ganze mit Salz und Pfeffer abschmecken. Die Kartoffeln mit Korianderzweigen garnieren und dazu die Sauce servieren.

4

4

6

Kartoffelkuchen aus der Pfanne

Diese schmackhafte Mahlzeit wird aus Kartoffelscheiben, Tofu und Gemüse zubereitet. Man kann sie heiß direkt aus der Pfanne ohne Beilagen servieren.

Für 4 Personen

ZUTATEN

- 700 g ungeschälte, gründlich gewaschene und in Scheiben geschnittene festkochende Kartoffeln
- 1 klein geschnittene Möhre
- 250 g kleine Brokkoliröschen
- 50 g Butter
- 2 EL Pflanzenöl
- 1 geviertelte rote Zwiebel
- 2 durchgepresste Knoblauchzehen
- 200 g gewürfelter Tofu
- 2 EL gehackter Salbei
- 100 g geriebener würziger Hartkäse

1 Die Kartoffeln in kochendem Wasser 10 Minuten garen, abgießen und abtropfen lassen.

2 In kochendem Wasser Möhre und Brokkoli 5 Minuten blanchieren. Mit einem Schaumlöffel herausnehmen.

3 Butter und Öl in einer Pfanne von etwa 23 cm Ø erhitzen. Zwiebel sowie Knoblauch hinzufügen und alles 2 bis 3 Minuten anbraten. Die Hälfte der Kartoffelscheiben so in die Pfanne legen, dass sie den Boden bedecken.

4 Auf die Kartoffelscheiben Möhren, Brokkoli und Tofu legen. Mit 1 EL Salbei bestreuen und die restlichen Kartoffelscheiben darauf schichten. Den Käse darüber streuen.

5 Das Ganze bei mäßiger Hitze 8 bis 10 Minuten garen. Dann im vorgeheizten Ofen auf mittlerer Stufe 3 Minuten überbacken, bis der Käse schmilzt und braun wird.

6 Den Kartoffelkuchen mit dem restlichen Salbei garnieren und direkt aus der Pfanne servieren.

TIPP

Achten Sie darauf, dass die Mischung die gesamte Pfanne ausfüllt, damit die verschiedenen Schichten geschlossen bleiben.

Kartoffelauflauf mit viererlei Käse

Dieses Gericht ist schnell und leicht zubereitet. Die Kombination von vier Käse- und verschiedenen Gemüsesorten kann nach Belieben variiert werden.

Für 4 Personen

ZUTATEN

- 1 kg gründlich gewaschene und in Spalten geschnittene ungeschälte festkochende Kartoffeln
- 2 EL Butter
- 1 halbierte und in Ringe geschnittene rote Zwiebel
- 2 durchgepresste Knoblauchzehen
- 2 EL Weizenmehl Type 405
- 600 ml Milch
- 400 g in Lake eingelegte, abgetropfte und halbierte Artischockenherzen (aus der Dose)
- 150 g aufgetautes TK-Mischgemüse
- 150 g geriebener Greyerzer (Gruyère)
- 150 g geriebener würziger Hartkäse
- 50 g zerbröckelter Gorgonzola
- 2 EL geriebener Parmesan
- 250 g in Scheiben geschnittener Tofu
- 2 EL gehackter Thymian
- Salz
- Pfeffer (aus der Mühle)
- Thymianzweige zum Garnieren

1 Die Kartoffeln in kochendem Wasser 10 Minuten kochen, abgießen und abtropfen lassen.

2 Die Butter in einem Topf zerlassen. Darin Zwiebel und Knoblauch ca. 3 Minuten anbraten.

3 Das Mehl einrühren und alles 1 Minute anschwitzen. Nach und nach die Milch zugeben und alles unter ständigem Rühren zum Kochen bringen.

4 Die Hitze reduzieren. Artischocken, Mischgemüse, jeweils die Hälfte der 4 Käsesorten sowie Tofu dazugeben und alles gut untermischen. Thymian einrühren und mit Salz sowie Pfeffer abschmecken.

5 Den Boden einer flachen feuerfesten Auflaufform mit einer Schicht der vorgekochten Kartoffelspalten auslegen. Die Gemüsemischung darauf verteilen und diese mit den übrigen Kartoffelspalten bedecken. Den Rest der 4 Käsesorten darüber streuen.

6 Im vorgeheizten Backofen bei 200 °C (Gas: Stufe 3) den Auflauf ca. 30 Minuten überbacken, bis die Kartoffeln durch sind und die Kruste goldbraun ist. Mit frischem Thymian garnieren und servieren.

Kartoffel-Auberginen-Gratin

Dem griechischen Moussaka-Auflauf ähnlich, besteht dieses Gratin ebenfalls aus Schichten von Auberginen, Tomaten sowie Kartoffeln und hat eine überbackene Joghurtkruste.

Für 4 Personen

ZUTATEN

- 600 g in Scheiben geschnittene festkochende Kartoffeln ohne Schale
- 1 EL Pflanzenöl
- 1 gehackte Zwiebel
- 2 durchgepresste Knoblauchzehen
- 500 g gewürfelter Tofu
- 2 EL Tomatenmark
- 2 EL Weizenmehl Type 405
- 300 ml Gemüsebrühe
- 2 große, in Scheiben geschnittene Tomaten
- 1 in Scheiben geschnittene Aubergine
- 500 g Naturjoghurt
- 2 verquirlte frische Eier
- Salz
- Pfeffer (aus der Mühle)

1 Die Kartoffeln in kochendem Wasser 10 Minuten garen, bis sie weich sind, abgießen und abtropfen lassen.

2 Das Öl erhitzen. Darin Zwiebel und Knoblauch 2 bis 3 Minuten anbraten.

3 Tofuwürfel, Tomatenmark sowie Mehl dazugeben und 1 Minute anschwitzen. Nach und nach die Gemüsebrühe hinzufügen und unter Rühren aufkochen. Die Hitze reduzieren und die Mischung 10 Minuten köcheln lassen.

4 Auf dem Boden einer tiefen feuerfesten Auflaufform eine Schicht Kartoffeln auslegen. Die Tofumischung darüber geben.

5 Tomaten, Aubergine und restliche Kartoffelscheiben auf die Tofumischung schichten. Dabei darauf achten, dass alles vollständig mit den Kartoffeln bedeckt ist.

6 Joghurt sowie Eier mischen und mit Salz und Pfeffer würzen. Die Joghurtmischung auf die Kartoffelscheiben verteilen. Den Auflauf im vorgeheizten Backofen bei 200 °C (Gas: Stufe 3) ca. 35 bis 45 Minuten überbacken, bis die Kruste braun ist. Heiß servieren. Dazu passt ein knackiger Salat.

VARIATION

Sie können zur Bereicherung des Geschmacks auch marinierten oder geräucherten Tofu verwenden.

Würzige Kartoffel-Nuss-Terrine

Die Grundlage dieser überbackenen Terrine besteht aus Kartoffelbrei, der durch Nüsse, Käse, Kräuter und Gewürze verfeinert ist.

Für 4 Personen

ZUTATEN

250 g gewürfelte mehligkochende Kartoffeln ohne Schale
200 g Pekannüsse
200 g ungesalzene Cashewnüsse
1 fein gehackte Zwiebel
2 durchgepresste Knoblauchzehen
150 g in Scheiben geschnittene Champignons
2 EL Butter
2 EL gehackte gemischte Kräuter
1 TL Paprikapulver
1 TL Kreuzkümmelpulver
1 TL Korianderpulver
4 verquirlte frische Eier
150 g vollfetter Frischkäse
50 g geriebener Parmesan
Salz
Pfeffer (aus der Mühle)

FÜR DIE SAUCE:
3 große, enthäutete, entkernte und klein geschnittene Tomaten
2 EL Tomatenmark
100 ml Rotwein
1 EL Rotweinessig
1 Prise Feinzucker

1 Eine Kastenform für etwa 1 kg leicht ausfetten und rundum mit Backpapier auslegen.

2 Die Kartoffeln in kochendem Wasser 15 Minuten garen, bis sie durch sind. Abgießen, abtropfen lassen und zu Brei stampfen.

3 Die Nüsse fein hacken und mit Zwiebel, Knoblauch sowie Pilzen vermischen. Die Butter zerlassen, darin die Nussmischung 5 bis 7 Minuten anbraten. Kräuter und Gewürze dazugeben, Eier, Käse, Kartoffeln unterrühren und das Ganze würzen.

4 Die Mischung in die vorbereitete Backform geben und fest andrücken. Im vorgeheizten Backofen bei 200 °C (Gas: Stufe 3) etwa 1 Stunde backen, bis die Terrine fest ist.

5 Tomaten, Tomatenmark, Wein, Weinessig und Zucker unter Rühren zum Kochen bringen, dann 10 Minuten weiterkochen. Die Sauce durchpassieren oder 30 Sekunden im Mixer pürieren. Die Terrine aus der Form stürzen und in Scheiben schneiden. Dazu die Tomatensauce servieren.

3

3

4

Pasteten & Gebäck

Das letzte Kapitel enthält zahlreiche Rezepte für herzhafte Pasteten und wohlschmeckendes Gebäck, ideal für kalte Herbst- und Winterabende. Es fehlen aber auch keineswegs einige leichtere Mahlzeiten, die sich eher für einen sonnigen Frühlings- oder Sommertag eignen. Viele der Rezepte können ohne weiteres variiert werden, sodass Sie sich nicht unbedingt an die aufgelisteten Zutaten halten müssen, sondern beispielsweise auch auf Ihr Lieblingsgemüse zurückgreifen können.

Neben süßen gibt es auch einige pikante Gerichte. Die Süßkartoffel zum Beispiel eignet sich gemischt mit Obst und Gewürzen hervorragend für Süßspeisen. Einige Rezepte für selbstgebackene Brote (die Kartoffel kann nämlich auch dafür verwendet werden) runden die Sammlung ab. Sie werden staunen, wie vielfältig sich die Kartoffel auch hier verwenden läßt!

Kartoffel-Fleisch-Pasteten

Mit Kartoffeln, Rindfleisch und Lauch gefüllt, sind diese Pasteten eine komplette Mahlzeit. Sie eignen sich aber auch als Snacks für ein Picknick oder eine Grillparty.

Für 4 Stück

ZUTATEN

250 g gewürfelte festkochende Kartoffeln ohne Schale
1 kleine gewürfelte Möhre
200 g gewürfelte Rinderlende
1 in Ringe geschnittene Stange Lauch
Salz, Pfeffer (aus der Mühle)
250 g fertiger Mürbeteig
1 EL Butter
1 verquirltes frisches Ei

1 Ein Backblech leicht mit Öl oder Butter ausfetten.

2 Kartoffeln, Möhren, Fleisch und Lauch mischen. Mit Salz und Pfeffer abschmecken.

3 Den Fertigteig in 4 gleiche Portionen teilen. Jede Portion auf einer leicht bemehlten Arbeitsfläche zu einem runden Fladen von ca. 20 cm Ø ausrollen.

4 Die Kartoffelmischung in 4 Portionen teilen und diese jeweils auf die Mitte jedes Fladens geben; dabei etwa 1 cm Abstand zum Rand lassen. Die Butter in Flöckchen teilen und je eines oben auf die Kartoffelmischung geben. Die Fladenränder mit etwas verquirltem Ei bepinseln.

5 Den Teig über die Kartoffelfüllung falten und die Ränder zusammendrücken, sodass die Füllung fest eingeschlossen ist.

6 Die Pasteten auf das Backblech setzen und sie mit dem restlichen verquirlten Ei bepinseln. Im vorgeheizten Backofen bei 200 °C (Gas: Stufe 3) etwa 20 Minuten backen; die Hitzezufuhr auf 160 °C (Gas: Stufe 1) reduzieren und 30 Minuten weiterbacken.

7 Dazu knackigen Salat oder Zwiebelsauce servieren.

TIPP

Diese Pasteten kann man im Voraus zubereiten und einfrieren.

VARIATION

Sie können auch andere Fleischsorten wie Schweinefleisch oder Huhn verwenden und in Schritt 2 Apfelstücke hinzufügen.

2

4

5

Kartoffel-Tomaten-Calzone

Diese mit Pizzateig zubereitete italienische Pastetenart serviert man am besten heiß als wohlschmeckendes Mittag- oder Abendessen.

Für 4 Stück

ZUTATEN

FÜR DEN TEIG:
500 g Weizenmehl Type 450
1 Pck. Trockenbackhefe
300 ml Gemüsebrühe
1 EL flüssiger Honig
1 TL Kümmel
Milch zum Bestreichen

FÜR DIE FÜLLUNG:
1 EL Pflanzenöl
250 g gewürfelte festkochende Kartoffeln ohne Schale
1 halbierte und in Ringe geschnittene Zwiebel
2 durchgepresste Knoblauchzehen
50 g sonnengetrocknete Tomaten
2 EL gehacktes Basilikum
2 EL Tomatenmark
2 in Scheiben geschnittene Staudensellerie
50 g klein geschnittener Mozzarella

1 Für den Teig das Mehl in eine große Schüssel sieben und die Hefe darunter rühren. In die Mitte eine Mulde drücken.

2 Gemüsebrühe, Honig und Kümmel untermischen und alles zu einem Teig verkneten.

3 Den Teig auf eine leicht bemehlte Arbeitsfläche geben und ca. 8 Minuten kneten, bis er weich ist. Ihn dann in eine mit etwas Öl ausgefettete Schüssel legen, zudecken und an einem warmen Ort 1 Stunde gehen lassen.

4 Inzwischen in einer Pfanne das Öl erhitzen und die übrigen Zutaten für die Füllung außer dem Käse hineingeben. Unter Rühren etwa 5 Minuten garen.

5 Den aufgegeangenen Teig in 4 Portionen teilen. Ihn auf einer leicht bemehlten Arbeitsfläche zu runden Fladen von etwa 18 cm Ø ausrollen. Jeweils die gleiche Menge der Füllung auf je eine Hälfte jedes Fladens geben.

6 Den Käse über die Füllung streuen. Die Teigränder mit Milch bepinseln und dann über die Füllung falten. Die Ränder fest zusammendrücken.

7 Die Calzone auf ein Backblech setzen und mit Milch bepinseln. Im vorgeheizten Backofen bei 220 °C (Gas: Stufe 4) etwa 30 Minuten goldbraun backen.

Kartoffel-Fleisch-Päckchen

Diese kleinen, mit Kartoffeln und Rinderhack gefüllten Blätterteigtaschen sollten Sie für Einladungen vorsehen, bei denen Sie Ihre Gäste beeindrucken wollen.

Für 4 Personen

ZUTATEN

- 250 g fein gewürfelte festkochende Kartoffeln ohne Schale
- 1 EL Pflanzenöl
- 150 g Rinderhackfleisch
- 1 klein geschnittene Stange Lauch
- 1 kleine, fein gewürfelte gelbe Paprikaschote
- 150 g in Scheiben geschnittene Champignons
- 1 EL Weizenmehl Type 405
- 1 EL Tomatenmark
- 100 ml Rotwein
- 100 ml Rinderbrühe
- 1 EL gehackter Rosmarin
- Salz, Pfeffer (aus der Mühle)
- 4 Scheiben (200 g) aufgetaute halbierte TK-Blätterteigscheiben
- 2 EL zerlassene Butter

1 Die Kartoffelwürfel in kochendem Wasser 5 Minuten garen, abtropfen lassen und beiseite stellen.

2 Inzwischen in einer Pfanne das Öl erhitzen. Darin Hackfleisch, Lauch, Paprika sowie Pilze bei mäßiger Hitze 5 Minuten anbraten.

3 Mehl sowie Tomatenmark einrühren und alles etwa 1 Minute anschwitzen. Den Rotwein und die Gemüsebrühe hinzufügen und das Ganze unter ständigem Rühren eindicken lassen. Rosmarin hinzufügen, alles mit Salz und Pfeffer gut abschmecken und etwas abkühlen lassen.

4 Auf einer Arbeitsfläche 4 Stück Blätterteig ausbreiten; jedes mit etwas Butter bepinseln und ein weiteres darauf legen. Die Teigstücke zu Quadraten von ca. 20 cm Seitenlänge mit einem Messer zurechtschneiden.

5 Die Teigecken mit etwas Butter bepinseln und je einen Löffel von der Fleischmischung auf die Mitte jedes Teigstücks geben. Die Ecken und Seiten zu Päckchen hochfalten. Überprüfen, ob sie gut verschlossen sind; sie dürfen nicht aufplatzen.

6 Die Päckchen auf ein Backblech legen und mit übriger Butter bepinseln. Im Backofen bei 180 °C (Gas: Stufe 2) etwa 20 Minuten backen und heiß servieren.

4

5

5

Fleischpastete mit Kartoffelkruste

Bei dieser Pastete liegt ein mit Möhren und Kräutern verfeinerter Kartoffelbrei als Kruste über einer schmackhaften Hackfleischfüllung.

Für 4 Personen

ZUTATEN

500 g Rinderhackfleisch
1 gehackte Zwiebel
1 durchgepresste Knoblauchzehe
1 EL Weizenmehl Type 405
300 ml Rinderbrühe

2 EL Tomatenmark
1 klein geschnittener Sellerie
3 EL gehackte Petersilie
1 EL Worcestershiresauce
Salz, Pfeffer (aus der Mühle)

700 g gewürfelte mehligkochende Kartoffeln ohne Schale
2 große gewürfelte Möhren
2 EL Butter
3 EL Milch

1 Das Fleisch in einer Pfanne ca. 3 bis 4 Minuten scharf anbraten. Die Zwiebel und den Knoblauch hinzufügen und alles unter Rühren weitere 5 Minuten braten.

2 Das Mehl hinzugeben und alles 1 Minute anschwitzen. Die Gemüsebrühe und das Tomatenmark untermischen. Sellerie, 1 EL Petersilie und die Worcestershiresauce einrühren. Mit Salz und Pfeffer würzen.

3 Die Mischung zum Kochen bringen, dann Hitze reduzieren und 20 bis 25 Minuten köcheln lassen. Die Fleischmischung in eine Pastetenform von ca. 1 Liter füllen.

4 Die Kartoffeln und Möhren in kochendem Wasser 15 Minuten garen, abgießen, abtropfen lassen, vermischen und zu Brei stampfen.

5 Butter, Milch und übrige Petersilie in die Kartoffel-Möhren-Mischung rühren, gut würzen. Den Kartoffel-Möhren-Brei auf der Fleischmischung verteilen, sodass sie vollständig zugedeckt ist. Im vorgeheizten Backofen bei 200 °C (Gas: Stufe 3) etwa 45 Minuten backen.

VARIATION

Sie können auch Lamm-, Puten- oder Schweinehackfleisch verwenden und dazu die jeweils passenden Kräuter wie Rosmarin oder Salbei.

Rindfleisch-Nierchen-Pastete

Filet und Nierchen sind beliebte Pastetenfüllungen, aber diese Variante schmeckt besonders köstlich, weil sie in einer Biersauce mit Kartoffelstücken zubereitet wird.

Für 4 Personen

ZUTATEN

- 250 g gewürfelte festkochende Kartoffeln ohne Schale
- 2 EL Butter
- 500 g gewürfeltes mageres Rinderfilet
- 150 g gereinigte und klein geschnittene Rinderniere
- 100 g geschälte Schalotten
- 2 EL Weizenmehl Type 405
- 150 ml Rinderbrühe
- 150 ml dunkles Starkbier
- Salz
- Pfeffer (aus der Mühle)
- 225 g fertiger Blätterteig
- 1 verquirltes frisches Ei

1 Die Kartoffeln in kochendem Wasser 10 Minuten garen, abgießen und abtropfen lassen.

2 Inzwischen die Butter in einem Topf zerlassen. Darin Rindfleischwürfel und Niere 5 Minuten unter Rühren anbraten.

3 Die Schalotten hinzufügen und das Ganze weitere 3 bis 5 Minuten garen. Das Mehl einrühren und 1 Minute anschwitzen. Nach und nach mit Brühe sowie Bier aufgießen und alles unter Rühren zum Kochen bringen.

4 Die Kartoffeln unter die Fleischmischung mengen, mit Salz und Pfeffer würzen. Die Hitze reduzieren, Topf zudecken und alles ca. 1 Stunde unter gelegentlichem Rühren köcheln lassen.

5 Die Fleischmischung in eine Pastetenform füllen. Den Blätterteig auf einer leicht bemehlten Arbeitsfläche ausrollen, sodass er auf allen Seiten etwa 1 cm über den Formrand ragt.

6 Einen Streifen Blätterteig abschneiden, der lang und breit genug ist, dass man ihn um den Rand der Form legen kann. Den Rand der Form mit Ei bepinseln und den Blätterteig darauf pressen. Diesen ebenfalls mit Ei bepinseln und den Blätterteigdeckel darauf pressen. Fest andrücken, um den Rand der Form abzudichten, mit Ei bepinseln.

7 Im vorgeheizten Backofen bei 220 °C (Gas: Stufe 4) 20 bis 25 Minuten backen, bis der Blätterteig aufgeht und goldbraun wird. Heiß direkt aus der Pastetenform servieren.

Apfel-Fleisch-Pastete

Diesen Pastetenteig muss man rasch herstellen, da er in die Form gedrückt werden muss, solange er noch weich und formbar ist.

Für 4 Personen

ZUTATEN

FÜR DIE FÜLLUNG:
- 1 kg in Scheiben geschnittene festkochende Kartoffeln ohne Schale
- 2 EL Butter
- 2 EL Pflanzenöl
- 500 g gewürfeltes mageres Schweinefleisch
- 2 in Ringe geschnittene Zwiebeln
- 4 durchgepresste Knoblauchzehen
- 4 EL Tomatenmark
- 600 ml Gemüsebrühe
- 2 EL gehackter Salbei
- 2 geschälte und in Scheiben geschnittene Äpfel

FÜR DEN TEIG:
- 700 g Weizenmehl Type 405
- 1 Prise Salz
- 50 g Butter
- 125 g Schweineschmalz oder Bratenfett
- 1 frisches Ei
- 1 TL Gelatine

1 Die Kartoffeln 10 Minuten kochen und abgießen. Butter und Öl in einer feuerfesten Auflaufform erhitzen; darin das Fleisch anbräunen. Zwiebel sowie Knoblauch hinzufügen und 5 Minuten braten. Bis auf Kartoffeln und Äpfel die restlichen Zutaten für die Füllung dazugeben. Hitze reduzieren, die Form zudecken und alles 90 Minuten köcheln. Die Brühe abgießen und beiseite stellen. Das Fleisch auskühlen lassen.

2 Für den Teig das Mehl in eine Schüssel sieben. Das Salz hinzufügen und in die Mitte eine Mulde drücken. Butter und Schmalz in einem Topf mit 300 ml Wasser zerlassen, dann aufkochen lassen. In das Mehl einrühren, gut vermischen und daraus einen Teig kneten. Ein Viertel des Teigs beiseite legen und mit der übrigen Menge den Boden und die Seiten einer großen Springform von etwa 20 cm Ø auslegen.

3 Fleisch, Kartoffeln und Äpfel in die Form geben. Die Ränder befeuchten, einen aus dem Restteig geformten Deckel darauf legen und fest andrücken. Mit Ei bepinseln und in die Mitte ein Loch bohren. Im vorgeheizten Ofen bei 200 °C (Gas: Stufe 3) 30 Minuten und dann bei 160 °C (Gas: Stufe 1) 45 Minuten backen. Die Gelatine in der Brühe auflösen und dann durch das Loch gießen. Sehr gut gekühlt servieren.

Kartoffel-Lauch-Pastete

Ein ausgezeichnetes Abendessen für die ganze Familie.
Am besten verwendet man dafür reichlich gewürzte Bratwürste.

Für 4 Personen

ZUTATEN

- 2 große, in Scheiben geschnittene festkochende Kartoffeln ohne Schale
- 2 EL Butter
- 4 gut gewürzte Schweinsbratwürste
- 1 in Ringe geschnittene Stange Lauch
- 2 durchgepresste Knoblauchzehen
- 150 ml Gemüsebrühe
- 150 ml Apfelsaft
- 2 EL gehackter Salbei
- Salz
- Pfeffer (aus der Mühle)
- 2 EL Speisestärke
- 100 g geriebener würziger Hartkäse

1 Die Kartoffelscheiben in kochendem Wasser 10 Minuten garen und abtropfen lassen.

2 Die Butter in einer Pfanne zerlassen, darin die Würste 8 bis 10 Minuten rundum bräunen; sie dann in dicke Scheiben schneiden.

3 Lauch, Knoblauch und Wurstscheiben in die Pfanne geben und 2 bis 3 Minuten garen.

4 Gemüsebrühe, Apfelsaft und Salbei hinzufügen. Mit Salz und Pfeffer würzen. Die Speisestärke mit 4 Esslöffeln Wasser mischen, zu den anderen Zutaten in die Pfanne geben, verrühren und alles zum Kochen bringen; dabei solange umrühren, bis die Sauce dick und klar ist. Die Mischung in eine tiefe Auflaufform geben.

5 Die Kartoffelscheiben auf die Mischung legen, sodass diese völlig bedeckt sind. Alles gut mit Salz sowie Pfeffer abschmecken und den geriebenen Käse darüber streuen.

6 Im vorgeheizten Backofen bei 200 °C (Gas: Stufe 3) 20 bis 25 Minuten backen, bis die Kartoffeln durch und der Käse goldbraun ist. Heiß servieren.

VARIATION

Man kann zur Füllung auch weiteres Gemüse wie etwa Brokkoli oder Blumenkohl geben. Statt des Apfelsaftes kann man Weißwein verwenden.

Kartoffelpastete mit Brokkoli

Die für diese Pastete mit Walnüssen und Doppelrahmkäse zubereitete Sauce passt hervorragend zu Brokkoli. Als Beilage reicht man am besten frisches Gemüse.

Für 4 Personen

ZUTATEN

500 g klein geschnittene Kartoffeln ohne Schale
2 EL Butter
1 EL Pflanzenöl
200 g gewürfeltes mageres Schweinefleisch
1 in Achtel geteilte rote Zwiebel
2 EL Weizenmehl Type 405
150 ml Gemüsebrühe
150 ml Milch
100 g zerbröckelter Doppelrahmkäse
200 g Brokkoliröschen
1 - 2 EL zerbröckelte Walnusshälften
Salz
Pfeffer (aus der Mühle)
225 g fertiger TK-Bätterteig
Milch zum Bepinseln

1 Die Kartoffeln 5 Minuten vorkochen und abgießen.

2 Inzwischen Butter und Öl in einer Pfanne erhitzen. Darin das Fleisch 5 Minuten anbraten.

3 Zwiebeln hinzufügen und alles 2 Minuten braten. Mehl unterrühren, 1 Minute erhitzen, mit Gemüsebrühe und Milch aufgießen, verrühren und aufkochen.

4 Käse, Brokkoli, Kartoffeln und Walnüsse dazugeben und 5 Minuten köcheln. Mit Salz sowie Pfeffer würzen und die Mischung in eine Auflaufform geben.

5 Den Blätterteig auf einer bemehlten Arbeitsfläche ausrollen, bis der Teigfladen etwa 2,5 cm über den Rand der Form ragt. Einen 2,5 cm breiten Streifen vom Teig schneiden. Den Rand der Form befeuchten und den Teigstreifen darauf legen. Diesen mit etwas Milch bepinseln, den Teigdeckel darauf legen und an den Rändern fest andrücken.

6 In die Mitte des Teigdeckels zwei kleine Schlitze schneiden. Den Teig mit Milch bepinseln und im vorgeheizten Backofen bei 200 °C (Gas: Stufe 3) ca. 25 Minuten backen, bis die Pastete aufgegangen und goldbraun ist.

TIPP

Sie können anstelle des Doppelrahmkäses auch reifen Hartkäse verwenden.

4

5

6

Kartoffel-Schinken-Pastete

Diese Pastete enthält neben Schinken und Kartoffeln auch Ananasstücke und Zwiebeln, alles in einer feinen Senfsauce unter einer Käseteig-Kruste gebacken.

Für 4 Personen

ZUTATEN

250 g gewürfelte festkochende Kartoffeln ohne Schale
2 EL Butter
8 halbierte Schalotten
250 gewürfelter gekochter Schinken
2 EL Weizenmehl Type 405
300 ml Milch
2 EL Dijon-Senf
50 g Ananaswürfel
Salz, Pfeffer (aus der Mühle)

FÜR DEN TEIG:
250 g Weizenmehl Type 405
1/2 TL Senfpulver
1 Prise Cayennepfeffer
150 g Butter
125 g geriebener würziger Hartkäse
2 Eigelb sowie 1 Eigelb zum Bepinseln

1 Die Kartoffeln 10 Minuten weich kochen und abgießen.

2 Inzwischen die Butter zerlassen. Darin die Schalotten ca. 3 bis 4 Minuten dünsten.

3 Den Schinken dazugeben, ca. 3 Minuten anbraten, dann das Mehl 1 Minute anschwitzen. Die Milch unterrühren. Den Senf und die Ananas hinzufügen; aufkochen, mit Salz und Pfeffer würzen, die Kartoffeln dazugeben.

4 Für den Teig das Mehl in eine Schüssel sieben und mit Senfpulver, 1 Prise Salz sowie Cayennepfeffer würzen. Die Butter zu der Mischung geben und alles zu einer bröseligen Masse verrühren. Den Käse, die Eigelbe sowie 4 bis 6 Teelöffel Wasser hinzufügen und alles zu einem Teig verkneten.

5 Die Hälfte des Teigs ausrollen und in eine flache Auflaufform geben. Überstehende Ränder abschneiden.

6 Die Füllung in die Form geben. Die Ränder des Teigs mit Wasser bepinseln. Den übrigen Teig ausrollen und daraus einen Deckel formen. Diesen auf die Pastete drücken und die Ränder verschließen. Die Pastete mit den abgeschnittenen Rändern dekorieren, mit Eigelb bepinseln. Zum Schluss im vorgeheizten Backofen bei 200 °C (Gas: Stufe 3) ca. 40 bis 45 Minuten backen, bis sich eine schöne goldbraune Kruste gebildet hat.

3

3

5

Kartoffel-Puten-Pastete

Pute passt hervorragend zu Obst, besonders wenn man das dunklere Fleisch verwendet. Die leicht bitteren Walnüsse gleichen die Süße des Obstes etwas aus.

Für 4 Personen

ZUTATEN

300 g gewürfelte festkochende Kartoffeln ohne Schale
2 EL Butter
1 EL Pflanzenöl
300 g gewürfeltes mageres Putenfleisch
1 halbierte, in Ringe geschnittene rote Zwiebel
2 EL Weizenmehl Type 405
300 ml Milch
150 g Crème double oder Crème fraîche
2 in Scheiben geschnittene Staudensellerie
75 g gehackte getrocknete Aprikosen
2 EL zerkrümelte Walnusshälften
2 EL gehackte Petersilie
Salz
Pfeffer (aus der Mühle)
225 g fertiger Mürbeteig
1 verquirltes frisches Ei zum Bepinseln

1 Die Kartoffeln 10 Minuten weich kochen und abgießen.

2 Inzwischen Butter und Öl in einer Pfanne erhitzen. Das Putenfleisch dazugeben und unter Wenden 5 Minuten anbraten, bis es schön braun ist.

3 Die Zwiebelringe hinzufügen und 2 bis 3 Minuten dünsten. Das Mehl unterrühren und 1 Minute anschwitzen. Milch und Crème double einrühren; aufkochen lassen, dann die Hitze reduzieren, bis alles nur noch köchelt.

4 Sellerie, Aprikosen, Walnüsse, Petersilie und Kartoffeln unterheben. Mit Salz und Pfeffer kräftig würzen. Die Kartoffel-Puten-Mischung in eine Auflaufform von ca. 1 Liter füllen.

5 Den Mürbeteig auf einer leicht bemehlten Arbeitsfläche ausrollen, bis er an allen Seiten etwa 2,5 cm größer als die Form ist. Einen 1 cm breiten Streifen vom Teig schneiden und rundum auf den befeuchteten Rand der Form drücken. Den Teigstreifen mit Wasser bepinseln und dann den Teigdeckel darauf legen. An den Rändern fest andrücken, sodass die Pastete rundum verschlossen ist. Den Teigdeckel mit dem Ei bepinseln und alles im vorgeheizten Backofen bei 200 °C (Gas: Stufe 3) etwa 25 bis 30 Minuten backen, bis die Kruste goldbraun ist. Die Pastete sofort servieren.

Kartoffel-Gemüse-Auflauf mit Huhn

Dieser knusprige Auflauf besteht aus mehreren Schichten von Kartoffeln, Brokkoli, Tomaten und Hühnerfleisch.

Für 4 Personen

ZUTATEN

- 2 große, in Scheiben geschnittene festkochende Kartoffeln ohne Schale
- 50 g Butter
- 200 g gehäutetes und geschnetzeltes Hühnerbrustfilet
- 2 durchgepresste Knoblauchzehen
- 4 in Ringe geschnittene Frühlingszwiebeln
- 2 EL Weizenmehl Type 405
- 150 ml trockener Weißwein
- 150 g Crème double (Crème fraîche)
- 250 g Brokkoliröschen
- 4 große, in Scheiben geschnittene Tomaten
- 100 g Greyerzer-Käse in Scheiben
- 250 g Naturjoghurt
- 2 EL geröstete Haferflocken

1 Die Kartoffeln 10 Minuten weich kochen und abgießen.

2 Inzwischen die Butter in einer Pfanne zerlassen. Darin das Hühnerfleisch 5 Minuten anbraten. Knoblauch sowie Frühlingszwiebeln hinzufügen und alles nochmals 5 Minuten garen.

3 Das Mehl dazugeben und 1 Minute anschwitzen. Nach und nach Wein und Crème double dazugießen, aufkochen, Hitze reduzieren und 5 Minuten köcheln.

4 Inzwischen die Brokkoli in kochendem Wasser blanchieren und mit kaltem Wasser abschrecken.

5 Mit der Hälfte der Kartoffeln eine ausgefettete Auflaufform auslegen und die Hälfte der Tomaten sowie vom Brokkoli darauf geben.

6 Fleisch und Bratensauce darüber geben und die Schichten in der gleichen Reihenfolge wiederholen.

7 Mit den Käsescheiben belegen, den Joghurt darauf verteilen, das Ganze mit den Haferflocken bestreuen und im vorgeheizten Backofen bei 200 °C (Gas: Stufe 3) ca. 25 Minuten goldbraun backen. Die Pastete sofort servieren.

TIPP

Wenn Sie es besonders knusprig mögen, mischen Sie gehackte Nüsse unter die Haferflocken.

Kartoffel-Lauch-Pastete mit Huhn

Diese Pastete verbirgt ihre köstlichen Zutaten unter einer einladenden Schicht aus knusprigem Blätterteig , der mit geschmolzener Butter bestrichen ist.

Für 4 Personen

ZUTATEN

250 g gewürfelte festkochende Kartoffeln ohne Schale
50 g Butter
200 g gehäutetes und gewürfeltes Hühnerbrustfilet
1 in Ringe geschnittene Stange Lauch
150 g in Scheiben geschnittene Maronenpilze
2 EL Weizenmehl Type 405
300 ml Milch
1 EL Dijon-Senf
2 EL gehackter Salbei
225 g fertiger TK-Blätterteig
3 EL zerlassene Butter
Salz
Pfeffer (aus der Mühle)

1 Die Kartoffeln 5 Minuten vorkochen, gut abtropfen lassen.

2 Die Butter in einer Pfanne zerlassen. Darin das Hühnerfleisch etwa 5 Minuten anbraten, bis es rundum braun ist.

3 Lauch sowie Pilze hinzufügen und alles unter Rühren 5 Minuten dünsten. Das Mehl einrühren und 1 Minute erhitzen. Die Milch dazugeben und aufkochen. Senf, Salbei und Kartoffeln hinzufügen und 10 Minuten köcheln.

4 Inzwischen eine tiefe Auflaufform mit der Hälfte der Teigblätter auslegen. Fleisch sowie Sauce in die Form geben und mit einer weiteren Lage der Teigblätter bedecken. Diese mit Butter bepinseln und eine weitere Teigschicht darauf legen. Diese Schicht ebenfalls mit Butter bepinseln.

5 Den restlichen Teig in kleine Streifen schneiden und damit die oberste Teigschicht belegen. Mit der zerlassenen Butter bepinseln und alles im vorgeheizten Backofen bei 180 °C (Gas: Stufe 2) etwa 45 Minuten backen, bis es goldbraun und knusprig ist. Die Pastete heiß servieren.

TIPP

Wenn die Kruste zu schnell braun wird, diese nach der halben Backzeit mit Folie bedecken, sodass zum Schluss die Pastete durch, die Kruste aber nicht schwarz ist..

3

4

5

Kartoffel-Fisch-Auflauf

Mehrere Lagen aus Kartoffeln und Fisch werden in einer sämigen Sauce gebacken und ergeben eine schmackhafte sowie reichhaltige Mahlzeit.

Für 4 Personen

ZUTATEN

1 kg in Scheiben geschnittene festkochende Kartoffeln ohne Schale
50 g Butter
1 halbierte, in Ringe geschnittene rote Zwiebel
50 g Weizenmehl Type 405
500 ml Milch
150 g Crème double (Crème fraîche)
250 g gewürfeltes geräuchertes Schellfischfilet
250 g gewürfeltes Kabeljaufilet
1 gewürfelte rote Paprikaschote
150 g Brokkoliröschen
Salz
Pfeffer (aus der Mühle)
50 g geriebener Parmesan

1 Die Kartoffeln in kochendem Wasser 10 Minuten weich garen, abgießen, abtropfen lassen.

2 Inzwischen die Butter zerlassen. Zwiebel hinzufügen und 3 bis 4 Minuten dünsten.

3 Darin das Mehl 1 Minute anschwitzen, dann Milch und Crème double dazugießen, aufkochen; die Sauce eindicken lassen.

4 Mit der Hälfte der Kartoffelscheiben den Boden einer flachen Aufflaufform auslegen.

5 Fisch, Paprika sowie Brokkoli zur Sauce geben und alles bei geringer Hitze 10 Minuten köcheln lassen. Mit Salz sowie Pfeffer würzen und die Mischung auf den Kartoffelscheiben verteilen.

6 Die übrigen Kartoffelscheiben in einer Schicht über der Fischmischung anrichten. Dann den Parmesan darüber streuen. Den Auflauf im vorgeheizten Backofen bei 180 °C (Gas: Stufe 2) ca. 30 Minuten backen, bis die Kartoffeln durch und die Kruste schön goldbraun ist.

TIPP

Sie können für diesen Auflauf auch andere Fischsorten verwenden, z. B. Lachs oder Meeresfrüchte.

3

5

6

Räucherfischauflauf

Dieser Fischauflauf birgt eine schmackhafte Füllung, die von einer cremigen, mit frischen Kräutern angereicherten Kruste aus Kartoffeln und Rüben überzogen ist.

Für 4 Personen

ZUTATEN

- 500 g gewürfelte mehligkochende Kartoffeln ohne Schale
- 250 g gewürfelte Kohlrüben (Steckrüben)
- 50 g Butter
- 1 in Ringe geschnittene Stange Lauch
- 50 g klein geschnittene Maiskölbchen
- 1 halbierter und in Scheiben geschnittener Zucchini
- 50 g Weizenmehl Type 405
- 300 ml Milch
- 150 ml Fischfond
- 150 g Crème double (Crème fraîche)
- 500 g gewürfeltes geräuchertes Kabeljaufilet
- einige Spritzer Tabasco
- 150 g gekochte Garnelen ohne Krusten
- 2 EL gehackte Petersilie
- Salz
- Pfeffer (aus der Mühle)
- 2 EL geriebener Parmesan

1 Kartoffeln und Rüben ca. 20 Minuten kochen, bis sie durch sind. Abtropfen lassen und zu Brei stampfen.

2 Inzwischen die Butter in einer Pfanne zerlassen. Lauch, Maiskölbchen sowie Zucchini hinzufügen und alles unter Rühren 3 bis 4 Minuten behutsam dünsten.

3 Das Mehl hinzugeben und 1 Minute anschwitzen. Milch, Fischfond und Crème double untermischen; alles unter ständigem Rühren eindicken.

4 Fischwürfel unterrühren, die Hitze reduzieren und alles 5 Minuten garen. Tabasco, Garnelen und die Hälfte der Petersilie dazugeben, abschmecken und alles in eine feuerfeste Auflaufform füllen.

5 Die restliche Petersilie zu der Kartoffel-Rüben-Mischung geben, mit Salz und Pfeffer würzen und über die Fischmischung geben, sodass sie vollständig damit bedeckt ist. Den Käse darüber streuen und alles im vorgeheizten Backofen bei 180 °C (Gas: Stufe 2) ca. 20 Minuten backen. Sofort servieren.

VARIATION

Sie können statt der Rüben auch gekochte Pastinaken verwenden.

2

3

4

Kartoffelquiche mit Thunfisch und Käse

Der Boden dieser Quiche besteht nicht aus Mehl, sondern aus Kartoffelbrei und ist daher besonders weich und zart.

Für 4 Personen

ZUTATEN

500 g gewürfelte mehligkochende Kartoffeln ohne Schale
2 EL Butter
6 EL Weizenmehl Type 405

FÜR DIE FÜLLUNG:
1 EL Pflanzenöl
1 gehackte Schalotte
1 durchgepresste Knoblauchzehe
1 gewürfelte rote Paprikaschote
200 g abgetropfter Thunfisch (aus der Dose)
150 ml Milch
3 frische Eier
1 EL gehackter Dill
Salz
Pfeffer (aus der Mühle)
50 g geriebener würziger Hartkäse

ZUM GARNIEREN:
frische Dillzweige
Zitronenspalten

1 Die Kartoffeln 10 Minuten weich kochen, abgießen und zu Brei stampfen. Butter sowie Mehl hinzufügen und alles zu einem Teig mischen.

2 Den Kartoffelteig auf einer leicht bemehlten Arbeitsfläche kneten und in eine runde Backform von ca. 20 cm Ø füllen. Mit einer Gabel oben einstechen. Mit Backpapier bedecken und dieses mit Erbsen beschweren, damit der Teig nicht zu sehr aufgeht. Im vorgeheizten Backofen bei 200 °C (Gas: Stufe 3) 20 Minuten backen.

3 Das Öl erhitzen. Darin Schalotte, Knoblauch sowie Paprika 5 Minuten dünsten und dann in die Form geben. Den Thunfisch zerkleinern und darauf verteilen.

4 Milch, Eier und Dill mischen. Mit Salz und Pfeffer würzen.

5 Die Eimasse über die Quiche gießen, darüber den geriebenen Käse streuen. Im Backofen 20 Minuten backen, bis die Füllung fest wird und sich setzt. Mit Dill und Zitronenspalten garnieren. Dazu Gemüse oder Salat servieren.

VARIATION

Sie können statt des Thunfischs auch gekochtes Krabbenfleisch verwenden.

2

3

5

Linsenauflauf mit Kartoffelkruste

Dieser appetitliche Auflauf aus roten Linsen, Tofu und Gemüse unter einer knusprigen Kartoffelkruste schmeckt nicht nur Vegetariern.

Für 4 Personen

ZUTATEN

FÜR DIE KRUSTE:
700 g gewürfelte mehligkochende Kartoffeln ohne Schale
2 EL Butter, 1 EL Milch
50 g gehackt Pekannüsse
2 EL gehackter Thymian
Thymianzweige zum Garnieren

FÜR DIE FÜLLUNG:
250 g rote Linsen
50 g Butter
1 klein geschnittene Stange Lauch
2 duchgepresste Knoblauchzehen
1 klein geschnittener Staudensellerie
150 g Brokkoliröschen
175 g gewürfelter geräucherter Tofu
2 EL Tomatenmark
Salz
Pfeffer (aus der Mühle)

1 Die Kartoffeln in leicht gesalzenem kochendem Wasser 10 bis 15 Minuten garen, bis sie durch sind. Abgießen, abtropfen lassen, Butter sowie Milch dazugeben und zu Brei stampfen. Pekannüsse sowie Thymian einrühren und alles beiseite stellen.

2 Die Linsen in kochendem Wasser ca. 20 bis 30 Minuten garen, bis sie weich sind. Abgießen, gut abtropfen lassen und beiseite stellen.

3 Die Butter in einer Pfanne zerlassen, Lauch, Knoblauch, Sellerie und Brokkoli dazugeben. Alles 5 Minuten dünsten, dann den Tofu hinzufügen.

4 Die Linsen zusammen mit Tomatenmark in die Mischung aus Tofu und Gemüse rühren. Mit Salz sowie Pfeffer abschmecken und in eine flache Auflaufform füllen. Den Kartoffelbrei auf der Linsenmischung verteilen, sodass diese vollständig bedeckt ist.

5 Den Auflauf im vorgeheizten Backofen bei 200 °C (Gas: Stufe 3) etwa 30 bis 35 Minuten goldbraun backen. Mit Thymianzweigen garnieren und servieren.

VARIATION

Man kann für diesen Auflauf jede beliebige Kombination von Gemüse verwenden. Anstatt Tofu kann man auch klein geschnittenes Fleisch nehmen.

1

3

4

Kartoffel-Auberginen-Torteletts

Die pikanten Törtchen aus Kartoffeln, Auberginen und Zucchini können auch im Voraus zubereitet und vor dem Backen bis zu 24 Stunden kühl aufbewahrt werden.

Für 4 Personen

ZUTATEN

3 große, in dünne Scheiben geschnittene festkochende Kartoffeln ohne Schale
1 kleine, in dünne Scheiben geschnittene Aubergine
Salz, Pfeffer (aus der Mühle)
1 in Scheiben geschnittener Zucchini
4 EL Pflanzenöl
1 gewürfelte Zwiebel
1 gewürfelte grüne Paprikaschote
1 TL Kreuzkümmel
200 g pürierte Tomaten
2 EL gehacktes Basilikum
200 g Mozzarella in Scheiben
200 g in Scheiben geschnittener Tofu
60 g Semmelbrösel
2 EL geriebener Parmesan
Basilikumblätter zum Garnieren

1 Die Kartoffeln 5 Minuten vorkochen und abgießen.

2 Die Auberginenscheiben mit Salz bestreuen und 20 Minuten ziehen lassen. Zucchini in kochendem Wasser 2 bis 3 Minuten blanchieren und abtropfen lassen.

3 Inzwischen 1 EL Öl in einer Pfanne erhitzen, die Zwiebel hinzufügen und 2 bis 3 Minuten dünsten, bis sie weich ist. Paprika, Kreuzkümmel, Tomaten und Basilikum dazugeben, alles mit Salz und Pfeffer abschmecken und 30 Minuten köcheln lassen.

4 Die Auberginenscheiben mit kaltem Wasser abspülen und trockentupfen. Das restliche Öl in einer großen Pfanne erhitzen und die Auberginenscheiben 3 bis 5 Minuten andünsten; dabei wenden, sodass beide Seiten braun weren. Abtropfen lassen, beiseite stellen.

5 Die Hälfte der Kartoffelscheiben in 4 kleine Tortelettformen füllen. Darauf jeweils die Hälfte der Zucchini- und Auberginenscheiben legen. Darüber die Hälfte der Mozzarellascheiben verteilen. Den Tofu darauf legen und die Tomatensauce darüber geben. Anschließend das Ganze in der gleichen Reihenfolge wiederholen.

6 Semmelbrösel sowie Parmesan vermischen und darüber streuen. Im auf 200 °C (Gas: Stufe 3) vorgeheizten Backofen 25 bis 30 Minuten goldbraun backen. Mit Basilikum garnieren.

Süßes Kartoffelbrot

Süßkartoffeln geben dem Brot eine leichte Orangenfarbe, Honig sorgt für einen kräftigen süßen Geschmack, der aber durch das Aroma der Orangenschale gemildert wird.

Für 1 Laib

ZUTATEN

250 g gewürfelte Süßkartoffeln
2 EL flüssiger Honig
2 EL Pflanzenöl
3 EL frisch gepresster Orangensaft
75 g Weizengrieß
250 g Weizenmehl Type 550
1 Päckchen Trockenbackhefe
1 TL Zimtpulver
abgeriebene Schale von 1 unbehandelten Orange
50 g Butter

1 Eine Kastenform für einen Laib von etwa 700 g ausfetten.

2 Die Süßkartoffeln in kochendem Wasser 10 Minuten weich garen, abgießen, abtropfen lassen und zu Brei stampfen.

3 150 ml lauwarmes Wasser, Honig, Öl und Orangensaft in einer Schüssel vermischen.

4 Kartoffelbrei, Weizengrieß, drei Viertel des Mehls, Hefe, Zimt sowie Orangenschale dazugeben und alles gut zu einem Teig verrühren. Diesen etwa 10 Minuten gehen lassen.

5 Die Butter in kleine Stücke teilen und zusammen mit dem übrigen Mehl in den Teig einarbeiten. Etwa 5 Minuten gut durchkneten, bis der Teig schön geschmeidig ist.

6 Den Teig in die Form geben, zudecken und an einem warmen Ort 1 Stunde gehen lassen. Den Brotlaib im vorgeheizten Backofen bei 200 °C (Gas: Stufe 3) etwa 45 bis 60 Minuten backen, bis die Unterseite des Laibes hohl klingt, wenn man darauf klopft. Das Brot warm und in Scheiben geschnitten servieren.

TIPP

Wenn der gebackene Laib beim Daraufklopfen nicht hohl klingt, nehmen Sie ihn aus der Backform und geben ihn nochmals einige Minuten in den Backofen, bis er gut durchgebacken ist.

Kartoffel-Käse-Zopf

Das pikante Gebäck schmeckt kräftig nach Käse und Knoblauch. Man isst es am besten noch warm, wenn es gerade aus dem Backofen kommt.

Für 1 Laib

ZUTATEN

Fett für das Blech
700 g Weizenmehl Type 550
200 g gewürfelte mehligkochende Kartoffeln ohne Schale
1 EL Salz
2 Päckchen Trockenbackhefe
450 ml Gemüsebrühe
2 durchgepresste Knoblauchzehen
2 EL gehackter Rosmarin
150 g geriebener Greyerzer (Gruyère)
1 EL Pflanzenöl

1 Ein Backblech leicht ausfetten und mit Mehl bestäuben.

2 Die Kartoffeln 10 Minuten weich kochen, abgießen, abtropfen lassen und stampfen.

3 Den Kartoffelbrei in eine große Schüssel geben. Salz, Hefe, Mehl sowie Brühe hinzufügen und alles zu einem weichen Teig kneten.

4 Knoblauch, Rosmarin und 100 g Käse dazugeben, den Teig 5 Minuten durchkneten. In die Mitte eine Mulde drücken, das Öl hineinfließen lassen und alles weiterkneten.

5 Den Teig zugedeckt an einem warmen Ort etwa 90 Minuten gehen lassen.

6 Den Teig noch einmal durchkneten und in 3 gleiche Portionen teilen. Jede Portion zu einem ca. 30 cm langen wurstförmigen Strang ausrollen.

7 Die Teigrollen an einem Ende zusammenpressen und zu einem Zopf flechten. Die freien Enden darunterfalten. Den Zopf auf das Backblech legen, zudecken und 30 Minuten gehen lassen. Den übrigen Käse über den Zopf streuen und diesen im vorgeheizten Backofen bei 200 °C (Gas: Stufe 3) etwa 40 Minuten backen. Am besten warm servieren.

VARIATION

Man kann mit dem gleichen Teig auch Käsebrötchen backen, die in idealer Weise zu einer heißen Suppe passen.

4

6

7

Kartoffelbrötchen mit Muskat

Diese Brötchen bestehen aus Kartoffelbrei und sind daher von etwas anderer Beschaffenheit als übliches Gebäck. Am besten schmecken sie warm und mit Butter bestrichen.

Für 8 Stück

ZUTATEN

Fett für das Blech
250 g gewürfelte mehligkochende Kartoffeln ohne Schale
125 g Weizenmehl Type 405
1 1/2 TL Backpulver
1/2 TL geriebene Muskatnuss
50 g Sultaninen
1 frisches Ei
50 g süße Sahne
2 TL feiner hellbrauner Zucker
Butter zum Bestreichen

1 Ein Backblech ausfetten und mit Backpapier auslegen.

2 Die Kartoffeln 10 Minuten weich kochen, abgießen, abtropfen lassen, zu Brei stampfen.

3 Den Brei in eine große Schüssel geben und Mehl, Backpulver sowie Muskat untermengen.

4 Sultaninen, Ei und Sahne unterrühren und alles zu einem geschmeidigen Teig verrühren.

5 Den Teig in 8 Portionen teilen und diese zu runden Brötchen von etwa 2 cm Ø formen. Sie auf das Blech legen.

6 Im vorgeheizten Backofen bei 200 °C (Gas: Stufe 3) etwa 15 Minuten backen, bis die Brötchen aufgegangen und braun sind. Mit Zucker bestreuen und warm mit Butter bestrichen servieren.

VARIATION

Man kann aus dem Teig statt der 8 kleinen Brötchen auch einen großen Laib fertigen.

TIPP

Sie können das Gebäck auch im Voraus zubereiten und dann einfrieren. Tauen Sie es vor dem Servieren auf, und backen Sie es bei mäßiger Hitze.

Kartoffel-Hefe-Muffins

Die lockeren Muffins gehen im Backofen wie kleine Soufflés auf und werden am besten gleich warm gegessen.

Für 12 Stück

ZUTATEN

200 g gewürfelte mehligkochende Kartoffeln ohne Schale, Salz
175 g Weizenmehl Type 405
1/2 Pck. Trockenbackhefe
2 EL feiner hellbrauner Zucker
1 TL Backpulver
125 g ungeschwefelte Rosinen
Eigelb und Eiweiß von 4 frischen Eiern

1 Ein Muffinblech für 12 Stück leicht ausfetten und bemehlen.

2 Die Kartoffeln in leicht gesalzenem kochendem Wasser 10 Minuten garen, abgießen, abtropfen lassen und zu Brei stampfen.

3 Kartoffelbrei, Mehl, Hefe, Zucker, Backpulver, Rosinen und Eigelbe gut in einer Schüssel mischen.

4 Die Eiweiße steif schlagen und unter den Brei heben.

5 Die Masse auf das vorbereiteten Blech verteilen.

6 Die Muffins im vorgeheizten Backofen bei 200 °C (Gas: Stufe 3) ca. 10 Minuten backen. Die Backtemperatur auf 75 °C (Gas: Stufe 1) reduzieren und die Muffins weitere 7 bis 10 Minuten backen, bis sie aufgegangen sind.

7 Die Muffins behutsam aus dem Blech heben und noch warm servieren.

VARIATION

Man kann zu dem Teig auch andere Gewürze wie Zimt oder Muskat hinzufügen.

TIPP

Man kann die Muffins mit normaler Butter oder auch mit Zimtbutter bestreichen, die man durch das Mischen von 60 g Butter mit 1 Prise Zimtpulver erhält.

Fruchtiger Kartoffelkuchen

Der Teig besteht aus Süßkartoffeln, Obst und braunem Zucker. Als Dessert kann man den Kuchen mit einem Klecks Sahne und abgeriebener Orangenschale servieren.

Für 1 Kuchen

ZUTATEN

Butter für die Form
700 g gewürfelte Süßkartoffeln
150 g brauner Kristallzucker
3 frische Eier

3 EL Milch
1 EL Zitronensaft
abgeriebene Schale von
1 unbehandelten Zitrone

1 TL Kümmel
150 g gehackte Trockenfrüchte
(z. B. Apfel, Birne oder Mango)
2 TL Backpulver

1 Eine Kastenform von ca. 18 cm Seitenlänge ausfetten.

2 Die Kartoffeln in Salzwasser 10 Minuten weich kochen, abtropfen lassen und stampfen.

3 Den Kartoffelbrei in eine Schüssel geben, solange er noch heiß ist. Dann Butter sowie Zucker unterrühren und diesen auflösen lassen.

4 Eier, Zitronensaft, Zitronenschale, Kümmel, Trockenfrüchte sowie Backpulver dazugeben und alles vermischen.

5 Die Mischung in die vorbereitete Backform füllen und im vorgeheizten Backofen bei 160 °C (Gas: Stufe 1) etwa 60 bis 75 Minuten backen, bis der Kuchen durch ist. Den Kuchen aus der Form stürzen und zum Auskühlen auf ein Kuchengitter setzen. Vor dem Servieren in dicke Scheiben schneiden.

VARIATION

Wennn Sie wollen, können Sie bei Schritt 4 einige Tropfen Rum oder Weinbrand dazugeben.

TIPP

Dieser Kuchen eignet sich auch als Nachspeise. Man kann ihn im Voraus zubereiten, in Frischhaltefolie einwickeln und bis zum Verzehr tiefgekühlt aufbewahren. Vor dem Servieren 24 Stunden auftauen lassen und dann bei mittlerer Hitze im Backofen backen.

Rezeptverzeichnis